『一带一路』列国人物传系　总主编◎王丽

元代10人传

金戈铁马风漫卷

唐迪　徐帮学◎主编

華文出版社

中国出版集团公司

图书在版编目（CIP）数据

元代10人传 ：金戈铁马风漫卷 / 唐迪，徐帮学主编.
—— 北京 ：华文出版社，2017.5（2019.11重印）
（“一带一路”列国人物传系）
ISBN 978-7-5075-4687-3

Ⅰ. ①元… Ⅱ. ①唐… ②徐… Ⅲ. ①历史人物－列传－中国－元代 Ⅳ. ①K820.47

中国版本图书馆CIP数据核字（2017）第081025号

元代10人传

主　　编：唐　迪　徐帮学
责任编辑：谭　笑
出版发行：华文出版社
社　　址：北京市西城区广外大街305号8区2号楼
邮政编码：100055
网　　址：http://www.hwcbs.com.cn
投稿信箱：784263235@qq.com
电　　话：总编室 010-58336239　发行部 010-58336267/58336266
责任编辑 010-58336237
经　　销：新华书店
印　　刷：保定市铭泰达印刷有限公司
开　　本：880×1230　1/32
印　　张：8.25
字　　数：133千字
版　　次：2018年3月第1版
印　　次：2019年11月第2次印刷
标准书号：ISBN 978-7-5075-4687-3
定　　价：38.00元

"'一带一路'列国人物传系"编辑委员会

总　序

群星闪耀“一带一路”

“2100多年前，中国汉代的张骞肩负和平友好使命，两次出使中亚，开启了中国同中亚各国友好交往的大门，开辟出一条横贯东西、连接欧亚的丝绸之路。”①2013年9月7日，中国国家主席习近平在哈萨克斯坦纳扎尔巴耶夫大学发表演讲，以博古通今的睿智对大学生们娓娓道来丝绸之路古老而年轻的故事。

“我的家乡陕西，就位于古丝绸之路的起点。站在这里，回首历史，我仿佛听到了山间回荡的声声驼铃，看到了大漠飘飞的袅袅孤烟。这一切，让我感到十分亲切。哈萨克斯坦这片土地，是古丝绸之路经过的地方，曾经为沟通东西方文明，促进不同民族、不同文化相互交流和合作作出过重要贡献。

① 《习近平谈治国理政》，外文出版社，2014年10月第1版，第287页。

东西方使节、商队、游客、学者、工匠川流不息，沿途各国互通有无、互学互鉴，共同推动了人类文明进步。”“不同种族、不同信仰、不同文化背景的国家完全可以共享和平、共同发展。这是古丝绸之路留给我们的宝贵启示”，“为了使我们欧亚各国经济联系更加紧密、相互合作更加深入、发展空间更加广阔，我们可以用创新的合作模式，共同建设‘丝绸之路经济带’”。[①]推己及人，高瞻远瞩，引领时代，习主席在阿斯塔纳[②]通过哈萨克斯坦人民，首次向世界发出了让古老的丝路精神再次焕发青春和光彩的时代宣言。

2013 年 10 月 3 日，习主席在印度尼西亚国会发表了题为《共同建设二十一世纪“海上丝绸之路”》的演讲：“东南亚地区自古以来就是‘海上丝绸之路’的重要枢纽，中国愿同东盟国家加强海上合作，使用好中国政府设立的中国－东盟海上合作基金，发展好海洋合作伙伴关系，共同建设 21 世纪‘海上丝绸之路’”，“发挥各自优势，实现多元共生、包容共进，共同造福于本地区人民和世界各国人民”。[③]这个倡议和 9 月 7 日的演讲异曲同工、

---

① 《习近平谈治国理政》，外文出版社，2014 年 10 月第 1 版，第 287 页。

② 哈萨克斯坦新首都名称。

③ 同①，第 293–295 页。

遥相呼应、互为映衬，完整地提出了“丝绸之路经济带”和“21世纪海上丝绸之路”的宏伟构想。

从广袤的亚欧腹地哈萨克斯坦到风光旖旎的印度尼西亚，习主席提出的“丝绸之路经济带”和“21世纪海上丝绸之路”吸引了世界各国的目光。从2013年9月至2016年8月，习近平出访37个国家（亚洲18国、欧洲9国、非洲3国、拉美4国、大洋洲3国），对“一带一路”倡议的总体框架和基本内涵做了充分阐述。和平合作、开放包容、互鉴互学、互利共赢的丝路精神，共商、共建、共享的合作理念，驱散了“去全球化”的阴霾，为增长低迷的世界经济注入新的动能。各国纷纷将本国经济发展与中国政府制定的《推动共建丝绸之路经济带和21世纪海上丝绸之路的愿景与行动》规划相衔接。“一带一路”倡导的政策沟通、设施联通、贸易畅通、资金融通、民心相通等“五通”，正在以基础设施、经贸合作、产业投资、能源资源、金融支撑、人文交流、生态环保、海洋合作等为载体和依托，在全球掀起了投资兴业、互联互通、技术创新、产能合作的新势头。2016年中国牵头成立有57个成员国加入的亚洲基础设施投资银行（AIIB），2017年3月23日迎来13个新伙伴。孟加拉配电系统升级扩容项目、印尼全国棚户区改造项目、巴基斯坦国家高速公路项目和塔吉克斯坦杜尚别至乌兹别克斯坦道路改造项目已经获得亚投行金融支持，共商共建成为现实。

“一带一路”倡议得到国际社会的热烈响应。2016年11月17日，第71届联合国大会193个成员一致赞同，通过了第A/71/9号决议，欢迎“一带一路”倡议，敦促各国通过参与“一带一路”，呼吁国际社会为开展“一带一路”建设提供安全保障环境。2017年3月17日，联合国安理会全票赞成，一致通过第2344号决议，呼吁国际社会凝聚援助阿富汗共识，通过“一带一路”建设等加强区域经济合作，敦促各方为“一带一路”建设提供安全保障环境。

2017年1月，习近平主席在联合国日内瓦总部发表题为《共同构建人类命运共同体》的重要演讲，全面深入系统阐述人类命运共同体重大理念，在国际上引起热烈反响，受到各方普遍欢迎和高度评价。3月23日，联合国人权理事会第34次会议通过关于“经济、社会、文化权利”和“粮食权”两个决议，决议明确表示要通过“一带一路”建设“构建人类命运共同体”。这是人类命运共同体重大理念首次载入人权理事会决议，标志着这一理念成为国际人权话语体系的重要组成部分。

"一带一路"不是中国的独角戏，是与亚、欧、非洲及世界各国共同奏响的交响乐。中国恪守联合国宪章的宗旨和原则，坚持开放合作、和谐包容、政策沟通，培育政治互信，建立合作共识，协调发展战略、促进贸易便利化及多边合作体制机制。中国携手100多个国家和地区，依托国际大通道，以陆上沿线中心城市为支撑，以重点经贸产业园区为合作平台，共同打造新亚欧大陆桥、中蒙俄、中国－中亚－西亚、中巴、孟中印缅、中国－中南半岛等国际经济合作走廊进展顺利，中欧班列在贸易畅通上动力强劲，风景亮丽；以海上重点港口为节点，共同建设通畅安全高效的运输通道，实现陆海路径的紧密关联和合作，太平洋、印度洋、大西洋上巨轮往来频繁，不亦乐乎。亚太经合组织、亚欧会议、大湄公河次区域合作等有关决议或文件，都体现了"一带一路"建设内容。丝路基金、开发性金融、供应链金融汇聚全球财富，建设绿色、健康、智慧与和平的丝绸之路，增进各国民众福祉。

"一带一路"是人类历史上从未有过的恢弘蓝图，也是横跨亚非欧连接世界各国的暖心红线。"丝绸之路经济带"包括中国经中亚、俄罗斯至欧洲（波罗的海），中国经中亚、西亚至波斯湾、地中海，中国至东南亚、南亚、印度洋；"21世纪海上丝绸之路”包括从中国沿海港口过南海到印度洋再延伸至欧洲和到南太平洋。一路驼铃声声、舟楫相望，互通有无、友好交往。

在新的时代，在创新古老丝路精神的伟大进程中，习主席专门缅怀丝路开拓者，特意致敬古丝路精神奠基人：“我们的祖先在大漠戈壁上‘驰命走驿，不绝于时月’，在汪洋大海中‘云帆高张，昼夜星驰’，走在了古代世界各民族友好交往的前列。甘英、郑和、伊本·白图泰是我们熟悉的中阿交流友好使者。丝绸之路把中国的造纸术、火药、印刷术、指南针经阿拉伯地区传播到欧洲，又把阿拉伯的天文、历法、医药介绍到中国，在文明交流互鉴史上写下了重要篇章。千百年来，丝绸之路承载的和平合作、开放包容、互学互鉴、互利共赢精神薪火相传。”[①]这种吃水不忘挖井人的情怀，再次展现了中华民族不忘历史、纪念先贤、展望未来的优秀文化基因，也为中国传记文学学会参加“一带一路”建设指明了方向和道路。

在古老的丝绸之路上，我们不曾相忘：张骞出使西域到过的哈萨克斯坦，山高水长的好邻居巴基斯坦，双头鹰下横跨欧亚之国俄罗斯，草原之国蒙

① 习近平：《弘扬丝路精神，深化中阿合作》，2014年6月5日，习近平在中—阿合作论坛第六届部长级会议开幕式上的讲话，《人民日报》6月6日第1版。

古，喜马拉雅浮世天堂尼泊尔，菩提恒河保佑之国印度，文化瑰宝伊朗，首创法典之国伊拉克，红海门户之国也门，石油王国沙特阿拉伯，波斯湾明珠巴林，雪松之国黎巴嫩，海湾之秀科威特，沙漠之巅阿联酋，半岛明珠之国卡塔尔，波斯湾霍尔木兹海峡守门人阿曼，万湖之国白俄罗斯，欧亚十字路口土耳其，流着奶和蜜之地以色列，欧洲粮仓乌克兰，亚平宁半岛上的文化巅峰意大利，阿尔卑斯之巅的瑞士，玫瑰之国保加利亚，与灵魂对话的思辨之国德意志，欧洲文化殿堂法兰西，欧洲客厅比利时，郁金香之国荷兰，热情如火的西班牙，还有正在脱欧的绅士国度英国，北非金字塔之国埃及，非洲屋脊奉马蹄莲为国花的埃塞俄比亚，香草大岛之国马达加斯加，等等。

沿着海上丝绸之路，我们会领略丛林花园之国马来西亚，花园国度新加坡，千岛之国菲律宾，赤道翡翠之国印度尼西亚；沿澜沧江一路南下，我们不曾相忘澜湄泽润之国越南，千佛之国泰国，高棉的微笑之国柬埔寨，万象之都老挝，印度洋上明珠之国斯里兰卡，印度洋上的明星和钥匙毛里求斯，堆金积玉之国文莱，追求自由之国东帝汶，印度洋世外桃源马尔代夫，骑在羊背上的国家澳大利亚，上帝的后花园新西兰，等等。

“一带一路”沿线国家里，那些千百年来影响了人类与国家、民族命运并与中国曾经有过交往的古今人物，至今还能在教科书、影视剧里看到他们，还能感受到他们在一代一代年轻人身上所生发的影响和魅力。

当然，对于中国人来说，更为熟悉的是丝绸之路的开拓者。曾记否？丝绸之路开拓者中，有汉武帝和他的使节们，有首开大唐盛世的唐太宗及其无数臣民，有再续睦邻通商航海路的宋祖朝廷和无数先贤，还有金戈铁马风漫卷的元代人物，一统江山万里帆的明代人物，环球凉热自清浊的清代人物，东西碰撞溅火花的近代人物，还有经受风雨变迁、勇立海国之志的现代人物，更有丝路明珠敦煌莫高窟的守护者，卫国助邻的将军和通司中外的外交家们。当然，数风流人物，还看今朝，我们不能不浓墨重彩地讴歌那些智通商海，投身到新丝路建设中的当代人物。

耕云播雨，香火延续，智慧传承，历史再续！2100 多年的友好交往历史从未隔断，惠及三大洲的中西交通从未停歇，21 世纪的“中国梦”和“世界梦”汇成了人类命运共同体的时代和弦，响彻在“一带一路”辽阔的长空。也正因如此，2017 年 5 月，北京喜迎来自“一带一路”相关国家的元首、政府首脑、前政要、知名企业家和专家学者等各界代表，以及国际组织的负责人等千名领袖，出席“‘一带一路’国际合作高峰论坛”。“千人盛会”共襄“团结互信、平等互利、包容互鉴、合作共赢”[①]之盛举，共商“沿线各国共同把蛋糕做大，一起分蛋糕”之合作共赢大计。这是中华民族和世界历史上都应该铭记的大日子。

以人物传记写作为己任的中国传记文学学会，在“一带一路”倡议实施中，肩负“讲好一带一路民心相通好故事”的使命和责任，这也是国家赋予我们的根本职责和任务。在中国文学艺术界联合会的领导下，在中国社会科学院国家全球战略智库指导下，中国传记文学学会以赤诚的家国情怀、强烈的时代精神、为人传记的责任担当，在认真调研、周密谋划、精心组织基础上，毅然决定倾注全力组织编写出版“‘一带一路’列国人物传系”。此煌煌百卷传系讲述近千名各国人物故事，集数百位专家作家尽心挥毫，去冬今春，夜以继日……幸得中国出版集团公司华文出版社出版发行。于是，各位读者得以读到手中的这套活泼而不失厚重、有趣而不失学养的列国人物合传书卷。

① 习近平：《弘扬人民友谊，共创美好未来》，2013年9月7日，习近平主席在哈萨克斯坦纳扎尔巴耶夫大学的演讲。

孔子曰：“仁者，人也。”让各国的先贤智者的思想光辉，照亮我们探索人类未来的道路。

传记明志，落笔为文，是为总序。

中国传记文学学会会长

“‘一带一路’列国人物传系”编委会总主编

王丽 博士

2018 年 3 月 8 日

General Editor's Preface

The Belt and Road Initiative was conceived in 2013. On September 7, 2013, Chinese President Xi Jinping proposed for the first time the blueprint in a speech at Nazarbayev University during his visit to Kazakhstan:

> Over 2,100 years ago during China's Han Dynasty, a Chinese imperial envoy Zhang Qian visited Central Asia twice to open the door to friendly contacts between China and Central Asian countries as well as the transcontinental Silk Road linking East and West, Asia and Europe.
>
> Shaanxi, my home province, is right at the starting point of the ancient Silk Road. Today, as I stand here and look back into history, I could almost hear the camel bells ringing in the mountains and see the wisps of smoke rising

from the desert. It has brought me close to the place I am visiting. Sitting on the ancient Silk Road, Kazakhstan has made important contributions to the exchanges and cooperation between different nations and cultures. This land has witnessed a steady stream of envoys, caravans, travelers, scholars and artisans traveling between the East and the West. The exchanges and mutual learning thus made possible have contributed to the progress of human civilization.

... Countries with differences in race, belief and cultural background are fully capable of sharing peace and development. This is the valuable inspiration we have drawn from the ancient Silk Road.

... To forge closer economic ties, deepen cooperation and expand development opportunities between Eurasian countries, we should innovate the mode of cooperation and jointly build an "economic belt along the Silk Road". [①] Considering the interests of the world commnity, taking a broad and long view and leading the new era, in Astana, President Xi, through the people of Kazakhstan, for the first time issued a declaration to the world that the old Silk Road

① Xi Jinping, *The Governance of China* (Beijing: Foreign Languages Press, 2014) 287.

spirit would once again be rejuvenated and radiant.

On October 3, 2013, President Xi brought up this topic again in his address to the Indonesian Parliament under the title "Jointly Building the 21st Century Maritime Silk Road":

> Southeast Asia has since ancient times been an important hub along the ancient Maritime Silk Road. China will strengthen maritime cooperation with ASEAN countries to make good use of the China-ASEAN Maritime Cooperation Fund set up by the Chinese government and vigorously develop maritime partnership in a joint effort to build the Maritime Silk Road of the 21st century. China is ready to expand its practical cooperation with ASEAN countries across the board, supplying each other's needs and complementing each other's strengths, with a view to jointly seizing opportunities and meeting challenges for the benefit of common development and prosperity.[1]

The two talks framed the full picture of the

[1] Xi Jinping, *The Governance of China* (Beijing: Foreign Languages Press, 2014) 293-295.

conceptual "Silk Road Economic Belt" and the "21st Century Maritime Silk Road", which are collectively referred to as "The Belt and Road Initiative". Between September 2013 and August 2016, President Xi visited 37 countries (18 in Asia, 9 in Europe, 3 in Africa, 4 in Latin America and 3 in Oceania), giving a full exposition of the Belt and Road Initiative, from its overall framework to various details. The milieus of peaceful and all-win cooperation, financial integration, trade liberalization, and people-to-people bonds dispel the haze of anti-globalization and inject new vitality to the stagnant world economy.

The Belt and Road Initiative has been received with global enthusiasm. On November 17, 2016, all 193 member states of the United Nations unanimously passed the Resolution No. A/71/9 during the 71st Session of the United Nations General Assembly. This resolution endorsed China's Belt and Road Initiative, encouraged UN member countries to participate in the Initiative, and urged the international community to provide a safe environment for the implementation of the Initiative.

The Belt and Road Initiative is not a solo of China, but a symphony of countries from Asia, Europe, Africa and the rest of the world. By observing the Charter of the United Nations, China adheres to openness and cooperation, harmony and inclusiveness as well as policy coordination in order to bolster mutual political trust, reach cooperation consensus, coordinate development strategies, facilitate trade, and introduce multilateral cooperation mechanisms. China has established partnerships with over 100 countries and international organizations with the goal of jointly building a new Eurasian Land Bridge and developing China–Mongolia–Russia, China–Central Asia–West Asia, China–Pakistan, Bangladesh–China–India–Burma, and China–Indochina Peninsula economic corridors by taking advantage of international transport routes, relying on core cities along the Belt and Road and using key economic industrial parks as cooperation platforms. At sea, the Initiative will focus on jointly building smooth, secure and efficient transport routes connecting major sea ports along the Belt and Road, so as to achieve a closer connection and cooperation between land and sea routes, with the Pacific, Indian and Atlantic Oceans frequented by ships and vessels. Meanwhile, the Asia-Pacific Economic Cooperation

(APEC), the Asia-Europe Meeting (ASEM), the Greater Mekong Subregion (GMS) Economic Cooperation and many other regional cooperation mechanisms have included the Belt and Road Initiative in their relevant resolutions and documents.

We shall never forget the countries along the ancient Silk Road: Kazakhstan, the country visited by the Han Dynasty imperial envoy Zhang Qian; Pakistan, China's friendly neighbor bound by mountains and rivers; Russia, a country symbolized by a double headed eagle; Mongolia, the prairie country; Nepal, the paradise on the Himalayas; India, a land blessed by the holy river Ganges; Iran, a country full of cultural treasures; Iraq, the country where the famous *Code of Hammurabi* originates from; Yemen, the gate to the Red Sea; Saudi Arabia, the kingdom of petroleum; Bahrain, the pearl of the Persian Gulf; Lebanon, a country of cedars; Kuwait, a rising star of the Persian Gulf; United Arab Emirates, a diamond on the desert; Qatar, a gem on the Arabian Peninsula; Oman, the gatekeeper of the Hormuz Strait; Byelorussia, a country with myriad lakes; Turkey, the center of the crossroads of Eurasia; Israel, a country full of milk and honey; Ukraine, the granary of Europe;

Italy, the pinnacle of culture on the Apennine Peninsula; Switzerland, a country in the Alps; Bulgaria, the land of roses; Germany, a home to great minds; France, the cultural palace of Europe; Belgium, the drawing room of Europe; the Netherlands, a garden of tulips; Spain, the land of passion; United Kingdom, the country of gentlemen which is breaking from the EU; Egypt, a country of pyramids in North Africa; Ethiopia, the roof of Africa whose national flower is Calla Lily; Madagascar, the island nation where vanilla grows, and so on.

The Maritime Silk Road links Malaysia, a country of forests and gardens; Singapore, the flowery country; the Philippines, the country of a myriad of islands; and Indonesia, the emerald of the equator. Along the Lantsang River down to the south, we will pass Vietnam, the land nourished by the Mekong River; Thailand, a country of thousands of Buddhist temples; Cambodia, the home to Khmer smiles; Laos, the land of a million elephants; Sri Lanka, a bright pearl in the India Ocean; Mauritius, the shining star and key of the Indian Ocean; Brunei, a kingdom of gold and green; East Timor, a nation of independence; Maldives, a paradise in the India Ocean; Australia, the nation riding on the sheep's back; New

Zealand, the back garden of God, and so forth.

In the countries along the Belt and Road, names of distinguished figures, ancient or modern, who have affected the destiny of mankind, who have rewritten the history of nations, and who have had contacts with China, can still be found in today's textbooks, films and TV shows. We can still feel their enduring influence and charm on generations of young people.

Of course, for the Chinese people, the pioneers of the ancient Silk Road are more familiar. Yet, those who have devoted themselves to the building of the new Silk Road equally deserve our respect. In May 2017 during the Belt and Road Forum for International Cooperation, Beijing welcomed thousands of guests from around the world, including heads of state, heads of government, former politicians, business leaders, experts, scholars, and principals of international organizations. They gathered together in the common spirit of solidarity and mutual trust, equality and mutual benefit, inclusiveness and mutual learning, and win-win cooperation, to discuss how countries along the Belt and Road can work together to make the "pie" bigger and shared by all for mutual benefit.[1] This is a big day that should be remembered as a landmark in the history of the Chinese nation and the world.

The Biography Society of China, which makes it its mission to promote biography writing, shoulders the task and responsibility of telling well the stories of friendly exchanges among people of countries along the Belt and Road. This is also the fundamental duty and task assigned to us by our nation. Therefore, through careful investigation and passionate planning, the Biography Society of China decided to publish a hundred-volume series titled *Remarkable Lives Along the Belt and Road*. This project receives support from the China Federation of Literary and Art Circles and guidance from the National Institute of International Strategy of Chinese Academy of Social Sciences. From last winter till this spring, hundreds of experts were working around the clock on the biographies of a thousand remarkable lives. Here the series is presented to you.

As Confucius said, "Humanity is of humans". Let the lights of those great minds and lives illuminate our future

---

① Xi Jinping, "Promote People-to-People Friendship and Create a Better Future", Speech delivered at the Nazarbayev University, Kazakhstan, September 7, 2013.

path of exploration.

Comments, criticism and suggestions will all be appreciated.

Dr. Wang Li
Chairwoman:
The Biography Society of China
General Editor:
Remarkable Lives Along the Belt and Road
March 8, 2018

目　录

引　言 …… 1

全球化体系的开拓者——成吉思汗 …… 15

1. 统一蒙古各部 …… 16

2. 建立蒙古汗国 …… 18

3. 重建统一政权 …… 19

4. 成吉思汗的西征 …… 21

延伸阅读 …… 23

元与高丽、日本的政治关系 …… 23

元与南海诸国的通使和战争 …… 26

重用汉臣力推改革的开国皇帝——忽必烈 …… 33

1. 夺取汗位 …… 34

2. 完成统一 …… 41

3. 实行海上扩张 …… 43

4. 加强政治统治 …… 47

延伸阅读 …… 50

忽必烈时期三使俱兰与波斯湾之行 …………………… 50
元代严苛的法律制度是扩张统治的后盾 ………… 53

尊儒崇汉的蒙古族政治家——耶律楚材……………………… 65
1. 北国卧龙 ……………………………………………… 66
2. 投军西征 ……………………………………………… 76
3. 经邦治国 ……………………………………………… 85
4. 一代大儒 ……………………………………………… 90
延伸阅读 ………………………………………………… 93
元代的运河漕运 ………………………………… 93
元代的北洋海漕 ………………………………… 98

反对华夷之辨的元初名儒——郝经……………………………… 111
1. 忽必烈即汗位 ………………………………………… 112
2. 出使宋朝 ……………………………………………… 114
3. 坚贞不屈 ……………………………………………… 115
延伸阅读 ………………………………………………… 117
元朝的外交职官制度 …………………………… 117
元代的华侨及其活动 …………………………… 122

第一位到达西方的中国旅行家——列班·扫马…………… 126
1. 决意西行 ……………………………………………… 127
2. 到达伊儿汗国 ………………………………………… 131

3. 前往欧洲 …… 135
4. 到达法国 …… 140
5. 在罗马拜会新教皇 …… 143
延伸阅读 …… 146
丝绸之路上中国与伊朗的文化交流 …… 146

地图史上划时代的人物——朱思本 …… 154
1. 游历考察 20 年 …… 155
2. 绘制《舆地图》 …… 159
3. 标绘南海诸岛 …… 163
延伸阅读 …… 165
元朝的中缅文化交流 …… 165

杰出的维吾尔族航海家——亦黑迷失 …… 173
1. 出使南洋 …… 174
2. 完成多种使命 …… 176
3. 南征爪哇 …… 178
延伸阅读 …… 181
宋元时期的地文航行技术 …… 181

改变世人穿衣风尚的布业始祖——黄道婆 …… 191
1. 流落海南 …… 191
2. 改良纺织技术 …… 194

3. 美丽的传说 …………………………………………………… 196
延伸阅读 ……………………………………………………… 198
大开放的元代交通 ………………………………………… 198

东方的马可·波罗——汪大渊…………………………………… 209
1. 伟大的航行 …………………………………………………… 210
2. 航海经历 ……………………………………………………… 212
3. 不朽著作《岛夷志略》 ……………………………………… 215
延伸阅读 ……………………………………………………… 220
马可·波罗与《马可·波罗游记》 ……………………… 220

出使柬埔寨的地理学家——周达观………………………………… 224
1. 语言外交官 …………………………………………………… 225
2.《真腊风土记》……………………………………………… 226
3. 珍贵的真腊记忆 ……………………………………………… 228
延伸阅读 ……………………………………………………… 232
元代杰出天文学家郭守敬 ………………………………… 232
东南亚一带的汉历的引入 ………………………………… 238

后 记 ……………………………………………………………… 243

Contents

Introduction / 1

The Pioneer of Globalization: Genghis Khan, Founder of the Yuan Dynasty / 15

Promoting Reforms with Dignitaries of Han Ethnicity: Kublai Khan, Founder of the Yuan Dynasty / 33

The Mongolian Statesman Who Adored Confucianism and the Han Culture: Yelu Chucai / 65

Challenging the Notion of Differentiation between Cathay and Barbarians: Hao Jing, A Renowned Scholar in the Early Yuan Dynasty / 111

The First Chinese Traveller to the West: Rabban Sauma / 126

A Monument in the History of Cartography: Zhu Siben, a

Geographer / 154

The Outstanding Navigator of Uyghur Ethnicity: Yihei Mishi / 173

The Textile Grandmaster Who Changed People's Dressing Style: Huang Daopo / 191

The Chinese Marco Polo: Wang Dayuan, the Navigator / 209

An Envoy to Cambodia: Zhou Daguan, a Geographer / 224

Afterword / 243

引　言

了解一些古代历史的读者也许都知道，古代丝绸之路有两条路线，一条是“陆地丝绸之路”，另一条就是“海上丝绸之路”，而对于“草原丝绸之路”一定感到陌生吧？说到“草原丝绸之路”，我们不得不提的朝代就是元朝。在元朝，“草原丝绸之路”已经发展到十分高的水平，不但有了正式的驿站制度，元朝还以上都、大都为中心，形成了帖里干、木怜、纳怜 3 条主要驿路，构筑了发达的交通网络：向北可以从漠北至西伯利亚、往西能从中亚达欧洲、自东直抵东北、往南可通中原。应该说，“草原丝绸之路”在政令、军令的上传下达上，在对外贸易和相互往来上，以及元代经济的发展上，都带来通畅便捷的条件，起着十分重要的作用。

提起元代，还有一个最容易让人忽略的成就是元代青花瓷，一如它优雅的外表，元代青花不像明清彩瓷般缤纷华丽，也不似宋瓷那样含蓄内敛，它是优雅而高贵的。元代青花瓷也造就了一个特殊的窑口，就是有名的瓷都景德镇。我们所认识的青花，大多始于元代，而且，元代的青花烧造技术已经炉火纯青。

青花为何在元代兴起，并发展成熟？这有其历史原因。元朝的建立，打破了唐宋以来的社会秩序，无论是在疆域上，还是在文化上，与唐宋时期相比都大有不同。一方面，强大的蒙古骑兵数度征服中亚和西亚各地区，促进了中国文化与异域文化的交流。这种交流带来了很

元青花瓷

多东西，比如波斯等地的文化，又如青花瓷烧造所需要的工艺和各种材料。另一方面，因蒙古族对蓝色和白色尤其推崇，元代官办作坊相当多的成员都是元朝统治者从西亚、中亚地区带回的穆斯林工匠手艺人，而穆斯林喜爱的颜色以白色和蓝色为主，因而这种白底蓝花的瓷器，犹如即将枯萎的花芽在瞬间得到了充足的水分和养料一般，一时间疯狂地成长起来。因青花瓷真正的成熟期是在元代，我们叫它“元青花”。

说到这里，我们一定会感觉到元代是一个充满神秘色彩的时代，也是一个让我们略感陌生的时代。让我们一起回顾一下元代简要发展历程，去感受这个令人好奇的富有不一样的故事的时代！

公元 1206 年，元太祖成吉思汗统一漠北，建立蒙古帝国，接下来就实施对外扩张的外交政策，先后攻打了西辽、西夏、花剌子模、呼罗珊、金等国家。

蒙古族建立了元朝，定都大都（今北京），并于至元十六年（1279），灭南宋统一中国，自晚唐五代以来的分裂局面至此结束。统一中国后，元朝对外扩张之路受挫，在和日本、越南、缅甸、爪哇国等的战争中元朝都失败了。到了元代中期政局更加动荡，政变不断，朝政也十分混乱。到了后期，政治越来越腐败，朝政被一部分权臣干涉和控制，民族矛盾、阶级矛盾、统治阶级内部矛盾日趋严重，引发了元末的农民起义，并最终导致了元朝廷被义军建立的明朝灭掉的结局。纵观元代近100年（1271—1368）历史，早期的统治者曾经开疆拓土，励精图治，使国家的发展呈现一片欣欣向荣的景象，在相当的一个时期内，注重国家的政治、经济、文化建设，注重国内的安定、生产的恢复和对外的交往，带来了一个难得的繁荣发展期。

在政治上，元朝开中国行省制度之先河，废除了尚书省、门下省，政、军、监察三权由中书省与枢密院、御史台分掌，在地方上实行行省制度。这对当时朝政的治理和社会发展，对整个中国的历史进程产生了积极的影响。

在经济上，朝廷在相当长的时期内重视农业的发展，在历代中，元朝的总体生产力不强，但在生产技术、粮食产量、农作物推广种植方面取得了不错的成绩。

在对外交流上，元朝较为发达，与各国交往、贸易都极为频繁，这促进了元朝经济和文化的繁荣以及元朝格局的开阔。

然而，在元代初期，由于北方长期经历战争，农业生产遭到严重的破坏。蒙古贵族又占农田为牧地，强制推行牧区的生产方式，使中原农户大量流向江南，直到至元二十年（1283），流失农户已达15万户之多，成为当时严重的社会问题。社会的动荡不安，迫使蒙古贵族放弃落后的游牧经济和剥削方式。忽必烈即位不久，便采取了劝课农桑的措施，颁布了不许废耕地为牧场的禁令，并设立司农司（后改为大司农司），作为掌管劝课农桑、水利、乡学、义仓诸事的中央官署，下设四道巡行劝农司，设劝农使和副使各一人，巡行督促检查农业生产及兴办水利等事，以各路、府、州、县管民官兼理农事，同时以是否重视农桑、劝课勤惰为考核地方官的标准。又命大司农司收集古今农书，删繁摭要，编成《农桑辑要》，颁行全国，推广先进技术，指导农业生产。

在提倡垦殖的同时，元朝廷又扩大屯田和推广村社。屯田除军屯、民屯外，还有军民合屯等形式。屯田主要在今河北、山东、江淮、四川一带，而以边疆屯区的成绩最显著。通过屯田，把先进的耕作方法、农具、种子推广到边区，使屯田的农业和水利都得到发展。此外，北方民间因劳力困难，曾自发组织“锄社”，“先锄一家之田，本家供其饮食，其余次之，旬日之间，各家田皆锄治”，“间有病患之家，共力助之”，往往“田无荒秽，岁皆丰熟”。在此基础上，元政府将“锄社”发展为“村社”，规定各县村以50家为一社，推举年高晓农者为社长，组织垦荒耕作，修治河渠，经营副业（参见元·王祯：《农书》卷三）。这种组织后来遍及南北各地，对恢复生产起了一定作用。

与农业有密切关系的水利工程在元初也得到了大力修缮，中央有都水监，地方有河渠司，专管水利，宋、金时期的许多重要水利工程都得到恢复和发展，从而进一步促进了农业生产的繁荣。到元朝中期，垦田面积大量增加，流民逐渐回籍，粮食产量也有较大提高，关陇陕洛地区谷丰民康，两淮地区桑麻遍野，炊烟袅袅，鸡犬之声达于四境。人口从中统二年（1261）的近200万户，扩增到至元三十年（1293）的1400余万户，社会经济得到了明显的复苏。

元朝全国土地分官田和私田两种，官田是政府掌握的土地，私田是各族地主和一部分自耕农占有的土地。官田的主要来源是没收宋、金的官田和占领的大量无主荒地和民田。元政府除留一部分官田用于军事屯田外，大部分赐给王公贵族、功臣和寺观僧侣。官田和地主占有的土地，除一部分留给农奴性质的驱丁耕种外，绝大部分租给农民耕种。因租种土地的占有对象不同，佃户有官佃和私佃之分，剥削形式都是分成租，私佃地租率一般是收获量的五六成，甚至八成；官佃地租率初期比私佃低，后来则超过私佃。地租之外还有许多科派。佃户的身份极低，甚至可以被典卖。

除佃户外，元代还有投下户。投下户又称头下户，原是对辽作战时的俘户和私奴的称呼。元朝建立以后，皇室、诸王、贵族通过俘获、分封、招收等办法占有一大批人户，作为私属人户而不承担国家赋役。为了逃避繁重的徭役，军、民、站户（元代服役于驿站的人蒙语称站赤，站赤之户称站户）往往投奔诸王名下，这种现象反映出北方劳动者的身份地位与宋时相比有所下降。

元代还有不少身份为驱口的劳动者。“驱口”一词始见于金，意为战争中被俘而强迫为奴、供人驱使的人。蒙古灭金时，贵族所得的驱口约为金残存人口的一半。元统一全国后以战俘为驱口的现象有所减少，但以罪犯或由于债务饥荒而卖身为奴的驱口仍有不少。官僚显贵占有大量驱口，如中书平章政事阿合马有驱口 7000 人，侍卫亲军都指挥使李伯祐有驱口 3000 人，驱口另有户籍，称驱户、驱丁，和一般编户有别，非经放良或赎买，不能改籍。驱口地位极低，和钱物一样可以由主人任意支配和驱使，可以被买卖或者赠送，甚至可以被主人任意杀害。驱口的主人在元代叫使长，使长完全掌控驱口的一切，驱口及其子女的婚姻，都由使长决定。法律还规定，良贱不得通婚，但使长可占有驱口的妻子而无罪。很明显，驱口是奴隶制的残余形态。由于王公贵族占有大量的驱口，影响政府收入，所以元政府多次下令释放驱口。由于贵族们反对，驱口一直保存到元朝灭亡。

与此相应，元朝的自耕农生活环境亦十分困苦，由于赋役沉重，他们往往沦为驱口或流亡他乡。

元朝的官营手工业颇为发达，由于它肇端于国内外的征服战争时期，故人源充足，规模很大，其各行各业的下属机构遍布全国，其产品主要供军队、宫廷贵族享用。官营手工业分属于工部、将作院、武备寺、大都留守司等中枢机构和地方官府管理，主管官办手工业和作坊的机关有诸色人匠总管府，设总管；提举司，设提举、同提举、副提举；局有大使、副使；院有院长。局院以北方居多，一般100户以下设院，2000户以下设局，2000户以上设提举司。

元代在官营手工业中实行匠户制。工匠的户籍另行编册，称为“匠户”。匠户的来源有两类人：一类是战争中俘获的工匠；另一类是漏籍户、无主逃奴、析居户、放良户和僧道还俗户中拘取的工匠。匠户大致可分两种：一种是军队生产、受军队管辖的军匠；另一种是为各局院生产，受局院管辖的官局人匠。军匠平时主要制作兵器和生产军用物资，战时担任工兵，为前线作战服务。他们的户籍隶属于军籍，义务和待遇与军户一样。官局人匠隶属于官营手工业局院，他们从官库领取物料钱，还有口粮、衣服等，完成官办的定额任务后可免税粮、科役。散落于民间的工匠即为民匠。民匠可以自行制作售卖，但要负担税粮、科差和杂役等。

元代的纺织业在前代的基础上有所进步。官办丝织业有平江（今江苏苏州）、杭州、成都三大著名织锦院，规模很大，产量较高。在纺织技巧上也有发展，镇江府所造的丝织品中有纻丝、暗花、丝绸、胸背花、斜纹等品种，有枯竹褐、秆草褐、明绿、鸦青、驼褐等颜色，

元代丝织品

在宋缂的基础上发展成的一种织金缂丝，更加华丽细密。例如 1959 年在新疆乌鲁木齐出土的元代青花粉花缂丝，现在看来仍然典雅别致，当时的工匠不但使用了披梭戗色法以增加花朵晕感，还使用了单双子母经，以突出绘画的勾勒效果。这些高超的技法在宋代是极为罕见的，可见元代时纺织技法之高。弘州（今河北阳原）、荨麻林（今河北万全西北）还生产一种用金线混织、上贴大小明珠的金绮，称“纳失失锦”，驰名中外。民间的丝织业也渐趋发达，花色品种繁多，江南等地还出现了雇工纺织的“机户”。

元代的棉花种植比南宋更为普遍，两广、福建、长江中下游地区与新疆、甘肃、陕西均广种棉花。与此相应，许多地方的棉纺织业发展起来了，而江南农村的棉纺织业逐渐代替了丝织和麻纺，松江府乌泥泾（今上海闵行区华泾镇）在此时已发展成为棉织业中心。成宗年间，这里出了一位纺织革新家黄道婆。黄道婆出生在乌泥泾，幼时因家境穷困，流落崖州（今海南省三亚）谋生，学会了黎族人民先进的棉纺技术。返乡后其改进了一系列棉织工具（如创造轧棉车，改进弹花弓，发明脚踏三锭纺车），更新织机，又创造织染新法（如错纱、配色、综线、挈花等方法），织出的棉布产品有被、褥、带、帨（手巾），上面有折枝、团凤、棋局、字样等图案，其中以“乌泥泾被”最著名，使松江府有“衣被天下”之称。而北方则主要以麻纺业为主，由于采用了水转大纺车，一昼夜可织麻100斤。

由于农业和手工业的发展，交通运输的通畅，统一货币的流通，元代商业很活跃。但元朝廷以专卖垄断的政策直接控制了国内外贸易。专卖有各种形式，如金、银、铜、铁、盐等，由政府直接经营；茶、铝、锡和部分盐等，由政府卖给商人经销；部分金、银、铁等矿业，以及酒、醋、农具、竹木等，由商人、手工业主经营，政府抽分其利。元前期对国内商业一定程度上还是保护的，如允许北商南下和南商北上，促进了南北商业的交流。

为了控制海外贸易，政府设立市舶提举司，简称市舶司。至元十四年（1277），在泉州、庆元（今浙江宁波）、上海、澉浦（今浙江海盐县西南）设市舶司，后增加广

元代货币

州、温州、杭州 3 处，后经改组合并，市舶司只设于广州、泉州、庆元 3 处，并规定中国海船出海前须向市舶司报明船只大小、船员、货物和所至地方，官方核验后发给公据；回来后须向市舶司报明运回货物，由市舶司抽分，起初精货抽 1/10，粗货抽 1/15，后增为精货抽 2/10，粗货抽 2/15。市舶司也组织官本船贸易，即由市舶司提供海船和货本，招选商人出海贸易，所得利润官七商三分成。又规定禁止金、银、铜钱、铁货、男女等出口，严禁民户下海和贩诸蕃，违者轻则没收货物，重则判处刑罚。

国内外贸易往来的发展，促进了城市经济的繁荣，使内地出现了一批新兴工商业城市，边疆也有新兴城镇。京师大都（突厥语称汗八里，意即汉城）是全国的政治、经济、文化中心，也是当时世界著名的经济中心之一。

其繁盛情景，正如《马可·波罗游记》所说："应知汉八里城内外人户繁多。……郭中所居者，有各地来往的外国人，或来贡方物，或来售货宫中……外国巨价异物及百物之输入此城者，世界诸城无能与比……百物输入之众，有如川流不息，仅丝一项，每日入城者计有千车……此城为商业繁盛之城也。"还有经营米、铁、皮毛、马牛、骆驼、珠子、沙刺（珊瑚）等单项商品的市场。行会中的"行老"负责内外贸易事务。泉州是元代重要贸易大港，设市舶都转运司，负责同各国互市（元灭南宋时广州屡遭兵乱，对外贸易受到影响，故泉州的地位于此时提高）。至元十五年（1278），元廷派归降的原宋代的泉州市舶提举蒲寿庚向海外各国表示欢迎前来互市；另外元代有过几次海禁，海禁期间仅留泉州府司。泉州迅速繁荣起来，成为元代的第一大港口，也是当时世界最大的港口。当时指航的灯塔——六胜塔至今仍屹立泉州海滨。泉州的对外贸易东起朝鲜、日本，西达非洲海岸，十分活跃。至元二十六年（1289），元廷又设了泉州至杭州的海道水站，使泉州的外来货物经杭州沿运河直达大都，使海外贸易通道和内河航运干线联结起来，促进了商业贸易的发展。

本书重点介绍了元代的对外交往以及和丝绸之路相关的人物，他们之中，有重用汉臣力推改革的开国皇帝忽必烈；有尊儒崇汉的蒙古政治家耶律楚材；有反对华夷之辨的元初名儒郝经；有第一位到达欧洲的中国旅行家列班·扫马；有在地图史上做出划时代贡献的人物朱思本；有杰出的维吾尔族航海家亦黑迷失；有改变世人穿衣风尚的布业始祖黄道婆；有东方的马可·波罗汪大渊等。

让我们一起探寻他们的足迹，聆听他们的故事，进一步了解这一时期丝绸之路的发展和演变，感受丝绸之路的延伸对我国元代经济发展和国家地位提升所做出的巨大贡献。

全球化体系的开拓者——成吉思汗

成吉思汗（1162—1227），中国古代伟大的政治家和军事家，蒙古帝国的可汗和开国君主，原名叫孛儿只斤·铁木

成吉思汗像

真，“成吉思汗”是他的尊号，意为“拥有四海的统治者”。1206年春，孛儿只斤·铁木真建立大蒙古国，此后率领蒙古军队开疆拓土，多次发动对外战争，征服了远至东亚和东欧的广阔地域，建立了前无古人后无来者的丰功伟业。1227年，成吉思汗在征伐西夏时病逝。

成吉思汗是蒙古族和中华民族的英雄，他威名远扬，名震中外。元世祖至元二年（1265），他被追尊庙号“太祖”；至元三年，谥号“圣武皇帝”。

1. 统一蒙古各部

孛儿只斤·铁木真1162年5月31日出生在漠北草原斡难河上游地区（今蒙古国肯特省）。他出身于蒙古贵族世家，但其父在他仅8岁时即被塔塔儿人毒死，由其母亲月伦领着他和几个弟弟艰难生活。少年的磨难培养了铁木真坚毅勇敢的品质。后来他投靠了强大的扎木合部，发展了自己的势力，建立了自己的翰鲁朵（表示独立的宫帐）。势力逐渐强大以后，铁木真约于12世纪80年代称汗，被称为蒙古部。

1201年，扎木合纠集泰赤乌、塔塔儿、蔑儿乞、乃蛮诸部，向克烈部和蒙古部发起进攻。战斗异常激烈，铁木真在战斗中中箭负伤，所部损失惨重，但最终还是击败了对方。铁木真彻底吞并了泰赤乌部，扎木合败逃。

1203年春，在扎木合的挑拨下，铁木真和克烈部的末代首领王罕的关系破裂，双方大战于合兰真沙陀之地。这一仗是铁木真一生中最为艰苦的战斗。称雄漠北多年的克烈部，兵强马壮，人数众多，具有很强的战斗力。战斗开始，铁木真军队曾一度占了上风，王罕军队眼看就要崩溃。这时王罕的儿子桑昆援军赶到，稳住了阵脚。又经过一番战斗，铁木真的军队终因寡不敌众，被迫败退。但王罕军势已衰，桑昆又在战斗中负伤，也就停止了追击。

在败退过程中，铁木真部众溃散，他仅率19骑来到班朱尼河。铁木真在这里对天发誓，将来如成大业，一定要与大家同甘共苦。这就是著名的"班朱尼之誓"。事后，他又把离散的部众重新招集回来，又招降了与自己联姻的弘吉剌部。他一面派人与王罕议和，一面厉兵秣马，准备重新战斗。这时王罕与扎木合失和，王罕袭击扎木合，扎木合战败逃往乃蛮部。

1203年秋，铁木真一面让自己的兄弟派人去和王罕联系投降一事，用来麻痹对方，一面亲率精兵偷袭王罕。经过三天三夜的激战，彻底打垮了王罕的军队。王罕向西逃亡，被乃蛮人杀死。他的儿子桑昆到处流窜，也遭人杀害，以强著称的克烈部被铁木真征服了。对克烈部的一仗，是铁木真统一蒙古的关键一仗。

1204年，铁木真进攻乃蛮部。乃蛮部首领太阳罕说："天上只有一个太阳，地上如何能有两个主人？"他决心与蒙古部决一死战。双方遭遇后，铁木真亲自打前锋，锐不可当，乃蛮军节节败退，最后被迫据山固守。入夜，乃蛮军队企图突围，遭到蒙古军队拦截，许多人坠崖而死，太阳罕也在乱军中死去。扎木合及太阳罕之子屈出律逃走。铁木真取得了完全的胜利。扎木合在逃亡途中被捉，铁木真念他曾是自己的安答（蒙古语，即结拜的兄弟姐妹），赐他不出血而死以表敬意。从此，蒙古草原所有部族全都听铁木真的号令，再没有能与他抗衡的对手。

2. 建立蒙古汗国

1206 年春，铁木真在蒙古部原来居住的鄂嫩河源头召开全体贵族、将领大会。在会上，全体与会者推举铁木真为大汗，号“成吉思汗”，并以“大蒙古”作为国号。“成吉思”意为海洋，“成吉思汗”就是拥有四海的统治者。蒙古本来是草原上一个部落的名称，现在成了国家的名称了。

这时的大蒙古汗国，控制着东起兴安岭，西至阿尔泰山，南达阴山，北连贝加尔湖的广大地区。

在这次大会上，成吉思汗编组千户，委任了 95 个千户长。全部牧民按十进位的军事体制编组，每 10 户设一个十户长，每 100 户设一个百户长，每 1000 户设一个千户长。由下至上，层层隶属。这样编组的千户，不仅是军事单位，而且是行政管理和社会生产单位。百户长和千户长享有军事、行政、经济方面的权力，成为大蒙古国新兴的贵族阶级。

成吉思汗还扩大了亲卫军。这是大汗的常备军队，也是大蒙古国家机器最主要的组成部分。这支队伍共10000多人，成员选自千户长、百户长、十户长的儿子，他们身体健壮，武艺高超，平时负责担任大汗的宿卫，战时作为作战的精锐部队。亲卫军地位崇高，享有特权，是成吉思汗实行专制主义统治的强大支柱。

在这次大会上，成吉思汗还任命他的义弟失吉忽秃忽为总断事官，负责刑罚，并制定了大札撒（法规）。当时萨满教在蒙古流行，成吉思汗任命兀孙老人为“别乞”，让他掌管萨满教。

这套国家机器的建立，标志着蒙古高原诸部从原始社会进入早期的游牧封建社会。随着大蒙古汗国的建立，一个新的民族产生了，这就是蒙古族。成吉思汗是蒙古族杰出的民族英雄。

3. 重建统一政权

当成吉思汗统一蒙古时，在中国的土地上还有西辽、西夏、金、南宋、大理、吐蕃等政权并存。金对蒙古实行残酷的民族剥削和压迫，“每三岁遣兵向北剿杀，谓之‘减丁’”，所以蒙古人民对女真的统治者无比痛恨，“怨入骨髓”。

金章宗时，成吉思汗向金贡纳岁币，金使卫王完颜允济受贡。成吉思汗见他妄自尊大，十分不悦。章宗死后，允济即位。诏书传到蒙古，成吉思汗问：“新君为谁？”金使说：“卫王也。”成吉思汗朝南唾了一口，鄙夷地说：“我谓中原皇帝是天上人做，此等庸懦亦为之邪！何以拜？”乘马扬长而去。从此以后，成吉思汗加紧厉兵秣马，随时准备挥师南下。

1211年，成吉思汗亲自率领军队大举伐金。蒙古军队彪悍勇猛，所向披靡。金国朝野，一片混乱。卫王允济被人杀死，宣王即位，立即派使向蒙古求和，并以重金厚礼把蒙古军队送出居庸关。不久，成吉思汗再次南下，逼得金朝把都城从中都（今北京）迁往南京汴梁（今河南开封）。蒙古军所到之处，常常是“赤地千里，人烟断绝”，雄伟壮丽的中都也为蒙

窝阔台像

古梵烧，“火月余不熄”。蒙古军先后攻克了今河北、山西、辽西、辽东的广大地区，掠夺了大量人口、牲畜和财物，使蒙古汗国更加富足。

成吉思汗在进攻金国前后，还征服了畏兀儿、西辽，并且 3 次进攻西夏。1226 年，成吉思汗亲征西夏。南宋宝庆三年（1227）正月，围攻西夏都城中兴府（今宁夏银川市）。六月，西夏遣使求降，要求延期 1 个月献城。八月，成吉思汗病死在六盘山。他在临死前留有遗嘱，死后秘不发丧，在西夏国主献城时加以捕杀，并实行屠城，要联合南宋，迂回包围金国，灭亡金国。

成吉思汗死后，西夏帝李睍出降，诸将遵照成吉思汗遗嘱，杀死李睍。为了保守秘密，还把护送成吉思汗灵柩者及路上所遇行人一并杀掉。

成吉思汗死后 7 年（1234）他的儿子窝阔台与南宋联合灭金。1271 年，他的孙子忽必烈建立元朝。虽然元朝全国大一统局面是在元世祖忽必烈时代完成的，然而，它的基础是在成吉思汗时奠定的。成吉思汗是元朝重建全国统一政权的先驱。

4. 成吉思汗的西征

成吉思汗顺应历史潮流，统一蒙古各部和北部中国，并为忽必烈建立元朝、统一全国奠定了基础，这是他的历史功绩。同时，我们也不能忽视成吉思汗西征的侵略性及其带来的影响和严重后果。

蒙古在灭西辽之后，就开始向中亚扩张。花剌子模（今日乌兹别克斯坦和土库曼斯坦两国境内）是当时中亚的大帝国。1218 年，一支 450 人的蒙古商队除被留一人回来报信外，其余全部在花剌子模边境被杀。1219 年，成吉思汗出动军队 20 万进攻花剌子模，兴师问罪。在开战前，成吉思汗先派正副使者 3 人去要求引渡当事人，但遭到拒绝。于是成吉思汗下令兵分四路攻伐花剌子模。1220 年，诸军分别攻克讹打不花剌（中亚名城今布哈拉）、撒马尔罕（花剌子模国都）等城。花剌子模国王摩诃末怯弱无能，临阵逃脱。成吉思汗命哲别、速不台穷追不合。摩诃末之子扎兰丁重整旗鼓，成吉思汗又败扎兰丁，一直追到申河（今印度河）。扎兰丁为蒙古军所围，从高崖上跃马投入波涛汹涌的申河。这时，各路大军已经平定中亚各地。其中，哲别、速不台一军在攻掠阿哲儿拜占(今阿塞拜疆)、谷儿只(今格鲁吉亚)、设里汪（里海西北、高加索山附近）等地后，又越过太和岭（今高加索山），征伐阿速、钦察等部。1223 年，哲别、速不台大败钦察与斡罗思联军于阿里吉河（今迦勒迦河），攻破斡罗思南部。还有一支蒙古军越过克里米亚半岛，一直推进到第聂伯河。这年夏天，成吉思汗决定班师。冬天，驻营于撒马罕。到了 1225 年春，他才返回土兀剌河老营。

成吉思汗西征，对中亚、波斯、钦察等许多文明地区造成了严重破坏，但同时，西征也打开了东西交通的通道。从这时起，中国各族人士不断进入中亚、波斯等地，中亚、波斯、钦察、阿拉伯以至欧洲人士也来到中国。这样，东方人和西方人都开阔了自己的视野。

延伸阅读

元与高丽、日本的政治关系

蒙古太祖十三年（1218），蒙古军队追契丹余部，首次进入高丽，此后遂不断进征其地。高丽为抵制蒙古承受了巨大的损失，国中成年男子，几乎大部分被杀或被掠走。元中统元年（1260）忽必烈刚即位，高丽国王去世。元朝廷将在中国充当质子的高丽王族王倎送回国去即位，宣布撤还兵戎，对高丽过去的反抗“一切勿问”，但要求高丽王室履行将朝廷从江华岛迁回王京（今开城）的诺言。接着，元朝廷不断命令高丽签军（签发高丽壮丁当兵）、造船、备供征粮，引起高丽朝野的不满。1269 年，高丽朝臣废元朝所立高丽国王，另拥新君。

元军大兵压境。高丽西京（今平壤）及西北地区60余城降元（后来被归还高丽）。原国王在元朝支持下复位。抗元军队退入江华岛，被击溃，入耽罗（今济州岛）。元军进而攻入耽罗，迫耽罗国降附。后来因高丽要求，复将耽罗归隶高丽。此后元与高丽之间没有再发生战争。

忽必烈为征日本，至元二十年（1283）在高丽设“征东行中书省”。该行省的名义，与元朝国内各行省性质不同。高丽国王王昛就是行省丞相，与蒙古军将阿塔海共领行省事。高丽国王在其境内，拥有自行设置官府、考试取士、征收赋税、施行号令的权力，基本上独立地行使着国家主权。

不过，作为元朝的“属国”，高丽还时常受到元朝的压迫和榨取。元朝廷为笼络南宋降军，遣使到高丽为他们“求娶妻室”。为远征日本，元朝廷迫使高丽出兵卒、水手、战船和征粮，更是成为高丽百姓沉重的负担。

自元咸淳三年（1266）起，忽必烈开始不断往日本派遣使者，想要日本归顺元朝，8年时间里，使者一共去了日本7次。日本天皇曾经下令朝臣拟过答元国书，但是镰仓幕府态度强硬，反对回牒，所以这份文书最终没有送到忽必烈手中。至元十一年（1274），元朝的军队从高丽出发，渡海前进准备侵略日本，但是在日军的激烈反抗下，没有得到深入，后来元军又遭遇飓风，很多战舰迷失方向，最后触礁被摧毁了，于是元军被迫撤回。那一年恰逢龟山天皇文永十一年，所以日本历史称之为“文永之役”。

至元十二年（1275），忽必烈仍不死心，又派遣使者到达日本，想去探底日本归顺元朝廷的意向。日本幕府想要让元朝廷彻底断了念头，即“永绝窥觎”，便把忽必烈派来的使者杀了，而且没有给元朝廷任何回复，同时着力加强西海岸线沿边的海防，随时提防蒙古人来犯，为了以防万一，日本还制定了“征伐异国”的作战计划，开始全国范围内统计船舶的大小、水手舵手的数量、出征将士的年龄及武器，并且限制日期。日本政府严格命令“若及遁避者，可被行重科”，而此后的数年里，日本军队不断骚扰高丽及元朝的边境，都是因为这个“征伐异国”计划。

至元十八年（1281），元军再次发动征讨日本的战争，江南军和东路军分别从庆元（今宁波）和高丽出发，计划在日本壹岐岛会合，两军共有将士14万，战舰4400艘，队伍之庞大，“隋唐以来，出师之盛，未之见也”。可惜的是，在这节骨眼上，江南军竟然迟到了，剩下的元军进攻屯鹰岛时，大战还没开始就又遇到了飓风，元军“震撼击撞，舟坏且尽，军士号呼，溺死海中如麻”，他们被迫“缚舰为城”，把战舰连在一起。而东征的将领将数万士卒留在岛上，抛弃战友自己挑了好船逃跑了。日军就趁这个乱局大举进攻，杀了大量元军，包括高丽人、蒙古人，以及北方的汉人，投降的士兵被掠走之后成了日本的奴隶，仅有很少一部分的残兵逃回了国内，日本将这次战役成为“弘安之役”。

经过这次损失惨重的败仗之后，忽必烈也曾好多次准备造船征兵再次入侵日本，但是朝野内外一致反对，最终没有出兵，而元朝和日本之间从此由于彼此心中有了芥蒂，也始终没有正式建立外交关系。

元与南海诸国的通使和战争

13 世纪 50 年代，忽必烈平云南后，蒙古军水陆并进，侵入安南（越南北部）。安南王陈师御敌，象骑（即骑兵作战所乘骑的战象）为蒙古军所射，惊奔反蹂，军大溃。安南王从京城升龙（今河内）避入海岛。不久，蒙古军因天气酷热撤兵。安南随即遣使通贡。

忽必烈即位后，以入朝、纳质、括户、签军、输赋、置官监临六事责安南王。安南王不甘蒙古凌辱，抗命不从，并以巧辞自辩，与元廷周旋。使节往返 10 余年，安南仍不肯就范。元廷想在安南建省，以便控制真腊、占城、云南、暹、缅诸地，遂于至元二十一年（1284）以假道往征占城之名进军安南境。安南起兵抵抗。安南国王再次留下京师空城，走避山林。元军擒获流亡安南的南宋朝臣 400 余人。在占城的元军正打算在这时撤兵北归，遂与入侵安南的元军配合作战。元军追捕安南王未果，虽然常有小仗获胜，但困于地势，无法施展骑兵优势，而且也找不到安南主力一决胜负，因此逐渐陷入被动。至夏末，元军被迫撤兵。安南军乘势追击，元军力战出境。

至元二十四年（1287），元军又出兵安南。安南王再次弃城逃遁。不久，因朝野反对，元廷被迫下诏停止军事行动。但到至元二十五年（1288）正月，元军再次分道由水陆侵入安南。安南王复走入海。安南军队仍采

元成宗像

用坚壁空城、以逸待劳的战略。春末，元军因运粮船误期不至，唯恐粮尽师困，只好退兵，受到安南军队堵击，被迫改道撤回。安南王遣使求和，“进金人代己罪”。忽必烈在位末年，准备第三次入侵安南，但还没有出兵他就死了。成宗即位，诏命停止出征。后两国间一直通使往来。元朝也不再提出要安南王入朝等事了。

元初，占城（今越南河静、平顺省境内）仍是安南属国。元朝灭宋后，遣使告谕占城。占城国王纳贡归降。至元十九年（1282）底，因占城主子截留元朝海道使臣，唆都率元军由海道往征其地。占城军在国都以西筑木城抗元军，至元二十年（1283）正月十五日，元军攻入木城，占城国王兵败退入山中。又借安南、真腊（今柬埔寨境内）、阇婆（在今越南河静、平顺省境内）等国兵与元军交战，诱其深入，从旁出截归路，元军死战才得以逃脱。以后元军虽屡有小胜，但作战逾年，仍未结束战局。元廷于至元二十二年（1285）三月发兵增援，未及抵达，唆都已率军撤向安南。元后至之师匆匆谕降占城国王后退兵。

在这以后，占城经常同时向元朝和安南入贡，并且试图倚仗元王朝阻遏安南侵吞其国土。14 世纪 20 年代，占城击败安南进征之师，遂停止向安南纳贡，但仍与元通贡。

元朝在占城退兵次年（1286），占城入贡。随占城使者一同入贡的，还有其南邻真腊的使臣。至元二十九年（1292），元朝遣使随同出征爪哇的军队诏谕占城及真腊。但此次使节迟迟没有回国报命。因此，元成宗即位后，因前使被拘执不还，乃又遣使臣前往诏谕。随行人员中有周达观。成宗元贞二年（1296）春一行人自明州出海，至秋始抵其国。周达观返国后著《真腊风土记》，该书是研究吴哥时代柬埔寨社会文化的重要史料。当时，真腊国势开始下衰，国内有些地方因与暹罗（今泰国）人交战而成旷地。

真腊亦名柬埔寨，该名称很早就见于当地碑铭中。到元代，汉文史籍中也出现“千不昔”“甘不察”等译名。终元之世，真腊时有入贡。元朝皇帝出行，用象“以导大驾，以驾巨辇”，所以元朝廷一再向东南亚国家索贡驯象。真腊同安南、占城一样，也经常向元廷进贡驯象。

11世纪后期，散布在澜沧江、湄公河下游直到萨尔温江上游之间的暹人（属泰语族，亦称泰族人），乘真腊在该地区势力衰微，逐渐建立起一些独立的小邦国。元太宗十年（1238），湄南河上游诸河地区的暹人，攻克真腊西北首府速古台（在今永河流域宋家洛附近），建立了一个暹人国家，称为速古台王朝。经过大约半个世纪，速古台王朝东面据有今老挝大部，西面与缅国之南的自古接界，南面或曾控制湄南河下游的罗斛，乃至马来半岛北部原属三佛齐势力范围内的一些小国。至元

东南亚国家的建筑

二十九年（1292），暹国使者持金册（国书）至广东通聘。次年，忽必烈遣使赴暹。从此两国间通使不绝。汉文史料记元成宗初暹国国王名敢木丁。据暹史，13世纪70年代至14世纪初期，是速古台王朝第三代国王坤拉玛甘王（又译拉玛甘亨）在位期间，据载，他曾先后两次亲朝中国。在第二次来中国时，带回去一些陶瓷工匠，在速古台及其他城市建立了陶瓷工场。

孟族人的政权岁斛与元建立联系，略早于暹国。14世纪中叶，一个出身于泰族首领家族的孟族君主的女婿控制了暹国大部。他迫使处于衰落中的速古台政权臣服，承认他的宗室地位。这个强大的新国家不久即移都阿瑜陀耶（泰语音译，意为“永远的胜利之城”，华人称大城）。

明代史料即把这个新国家称为暹罗。

麻里予儿是马来西亚的另一个名字。不过，在13、14世纪，它还不指如今的马来西亚，而指苏门答腊岛中部以詹卑河流域为中心的马来人的明囊伽宝王朝，苏门答腊岛和马来半岛上的各小邦国（包括位于苏岛西北部的苏木都剌国在内）都是它的属国。当时的汉族一般仍旧以兰佛齐称之。蒙古人则以其族属名称称它为麻里予儿、木剌由，或以其国都詹卑名之，元代汉文史料音译为占八国、蘸八国。13世纪下半叶，暹国势力南进，争夺原来在麻里予儿控制下的马来半岛，两国间时有战争。

麻里予儿在13世纪后半叶已向元朝遣使归诚。它或曾求助元政府调停其与暹国的关系。所以成宗元贞元年（1295）元成宗诏令暹国“勿伤麻里予儿”。

13世纪20年代，爪哇政权易手，新王朝史称新柯沙里王朝。13世纪下半叶,新柯沙里王朝先后向马拉都、巴厘等邻近岛国，乃至麻里予儿地区扩张势力，力图建立抵御蒙古势力南进的联盟，与此同时，爪哇曾先后两次遣使入元。爪哇国王对元朝廷一再强令他入朝十分反感，遂于至元二十六年（1289）将元朝派去的使节黥面遣归。忽必烈于是下令“征讨”。

至元二十九年（1292）冬，元军由史弼等率领自泉州出海，次年春至爪哇。这时爪哇新柯沙里国正与葛郎交战，国王被杀。国王女婿土罕必阇耶伪降元军，邀元军助击敌兵。元军分三路助土罕必阇耶打败葛朗，葛郎军被杀 5000 人，挤跌入河淹死者数万人，出城投降。土罕必阇耶见乱平，倒戈进攻元军，迫使元军撤兵。

土罕必阇耶建麻喏歇王朝，成宗元贞元年（1295）土罕必阇耶即遣使与元朝重修和好，从此两国间时有使节往返。

重用汉臣力推改革的开国皇帝
——忽必烈

孛儿只斤·忽必烈（1215—1294），蒙古族人，他是监国托雷之子，元宪宗蒙哥的弟弟，是蒙元历史上著名的改革家、政治家、军事家。

忽必烈是成吉思汗的孙子，其父托雷（也作拖雷），是成吉思汗第四子，忽必烈又是拖雷第四子。在青年时期，忽必烈就有“思大有为于天下”的志向。淳祐十一年（1251），他被封王，他的长兄蒙哥继任可汗。同年，忽必烈曾征讨大理。他的长兄去世后，元中统元年（1260）忽必烈继位，建元中统，他开始沿用中国传统的王朝年号来纪年，在1271年，忽必烈把“大蒙古”的国号改为“元”，第二年把首都迁到了元大都（今北京），接下来就挥兵南下，一路进攻，直到南宋灭亡，至元十六年（1279）忽必烈统一全国。至元三十一年（1294），忽必烈病逝于大都，谥号“圣德神功文武皇帝”，庙号“世祖”。

忽必烈像

1. 夺取汗位

忽必烈从小受到良好的教育。他的母亲虽然信奉景教，但却从内地请来儒士对子女进行中原的传统教育。所以，忽必烈从小就受到儒学的熏陶。青年时代的忽必烈志向远大，“思大有为于天下”。南宋宋理宗淳祐二年（1242），这个年仅27岁的藩王在漠北接见了海云禅师，问他佛法中有无安天下之法。海云禅师讲，这要问“大贤硕儒”。海云禅师还把儒学根基很深的子聪和尚（俗名刘秉忠）留在忽必烈身边。同年，他又把怀仁饱学之士赵壁招到自己身边。从这时起，在他的周围，组成了一个以儒生为主的顾问班子。面对中原先进的农业文明，在儒生的影响下，他逐渐认识到，治理汉地要用汉法。

南宋淳祐十一年（1251）六月，托雷的长子、忽必烈的长兄蒙哥继承汗位。蒙哥让忽必烈总领漠南汉地军国庶事。忽必烈在今河南、河北、陕西等地，设立机构，委派官吏，实行汉法，把这些地方治理得井井有条。

元宪宗二年（1252）初，忽必烈奉命远征大理。他从宁夏经甘肃、青海入四川，“分兵三道以进”。他的军队从北往南，越过大渡河、大雪山和金沙江，于宪宗三年（1253）平定大理，完成了对南宋的战略包围。同年十二月，忽必烈班师。宪宗四年（1254）秋回到滦河上游营地。

这时，忽必烈的贤能在文治、武功两方面都已表现出来，在中原汉族地主阶级中赢得广泛支持。元宪宗六年（1256），忽必烈命刘秉忠在桓州东、滦水北的龙冈建造开平府城，营筑宫室。同年，他奏请继续检括中原地区的汉军，扩大军力。

但是，忽必烈行汉法损害了蒙古游牧贵族和西域商人的利益。他在中原威望日增，也引起了蒙哥对他的疑忌。元宪宗七年（1257），蒙哥汗解除了忽必烈的兵权。同时，蒙哥的亲信又罗织罪名，迫害忽必烈的部下。但是，忽必烈以屈求伸，把自己的妻子、儿女送到汗处为质，以表明自己并无异志。同年十一月，他还亲自谒见蒙哥，重新取得了蒙哥的信任。

在吐蕃和大理相继归附以后，蒙哥汗认为灭宋的时机已经成熟，遂于元宪宗八年（1258）到六盘山，与诸将合议，分兵三路伐宋。他亲率主力进入四川，命兀良台从云南北上攻潭州（今湖南湘潭），命塔察儿领东路军出襄汉。同年秋天，东路军塔察儿出师不利，改令忽必烈带领塔察儿军攻打鄂州（今湖北武昌）。蒙哥亲自率领的西路军节节胜利，于同年底到达合州。合州军民在宋将王坚等人率领下，凭借钓鱼山天险，拼死抵抗。南宋开庆元年（1259）春天，双方展开激战，蒙古军受到重创。入夏后，蒙古军病倒很多。七月，蒙哥汗亲临

贾似道像

钓鱼山下指挥攻城，被宋军炮石击中。回营后，终因伤势过重，死于军中。蒙哥汗一死，西路军一路的进攻不得不停顿下来，准备撤退。

忽必烈所部东路军，于元宪宗九年（南宋开庆元年，1259）八月渡过淮河，九月进抵鄂州对面的长江北岸。这时，忽必烈的异母弟末哥遣使自四川告蒙哥死讯，请他北还。忽必烈仍率部渡江，围攻鄂州。兀良台所部南路军，强攻潭州未克，于是绕道北上，与忽必烈合师，加强攻鄂。但直到年底，仍未攻下鄂州。这时，忽必烈的妻子弘吉剌氏遣使自开平来到前线，告知忽必烈，其弟阿里不哥正策划继承汗位。恰巧南宋丞相贾似道也派人与忽必烈议和。于是，忽必烈便采纳谋臣郝经的《班师议》计策，与南宋贾似道秘密媾和，罢兵北归，经燕京返回开平，以谋取大汗位。

忽必烈北归前，曾先行派遣廉希宪北上以观时态变化，并命他代表忽必烈去赐宗王塔察儿饮膳，伺机提出拥立忽必烈为大汗的建议，以争取塔察儿的支持。塔察儿接受了这个建议并表示愿意首倡。元中统元年（1260）三月，忽必烈返回开平，召集了支持他的一部分蒙古贵族，举行忽里勒台（蒙古诸王大会），宣布即汗位。

大蒙古国出现两个大汗，他们是兄弟，都有一部分宗室的拥护，都通过忽里勒台的推荐。兄弟之间这场尖锐的斗争就只能诉诸武力来解决了。同年，双方争夺的重点是川陕。双方在甘州（今甘肃张掖）以东大战，阿里不哥受挫，丢失了川陕，得不到中原物资，只好在冬天撤到西北面的谦谦州（今叶尼塞河中上游）一带，忽必烈的军队推进到和林。同年秋，阿里不哥攻占和林，并向漠南进军。忽必烈率军亲征。十一月，双方在昔木土脑儿（今蒙古苏赫巴托省南部）遭遇，阿里不哥大败，逃回谦谦州，他的许多部下向忽必烈投降。阿里不哥处境困难。中统三年（1262），原先支持阿里不哥的一些蒙古诸王也纷纷转到忽必烈方面，阿里不哥十分孤立。至元元年（1264），走投无路的阿里不哥只好率身边诸王和大臣到上都（即开平）表示归顺。忽必烈问他："你说说看，按道理讲，我们兄弟两人，谁应当继承汗位？"阿里不哥回答说："原来我是对的，现在你大汗是对的。"只承认失败，而不承认忽必烈继承汗位有道理。忽必烈下诏：阿里不哥等诸王是成吉思汗的后裔，不予问罪；不鲁花等谋臣，全部伏诛。

忽必烈与阿里不哥继位之争，是蒙古汗系宗亲之间争夺最高统治权的斗争。在这场斗争中，忽必烈在很大程度上是由于得到中原汉族上层官贵的支持，掌握了中原的物力、人力和财力，而赢得了胜利。忽必烈的胜利，也是蒙古贵族中主张采用汉法治理汉地一派人的胜利，这有利于元朝的建立和巩固。

中统元年（1260），忽必烈继承汗位，颁布即位诏书。

他在诏书中指明成吉思汗创业以来，“武功迭兴，文治多缺”,决心“建极体元,与民更始”(《元史·世祖本纪》)。他大力推行汉法，使大蒙古国面目一新。

忽必烈推行汉法，主要内容有下列四点：

第一，建年号、国号和礼仪制度，并把国都移向中原地区。元中统元年（1260）五月，他就宣布建元“中统”，采用中国传统的王朝年号纪年。1264年阿里不哥归降后，他改年号为“至元”。至元八年（1271）十一月,他又宣布将“大蒙古”国号改为“大元”,取《易经》中“大哉乾元”的意义,表示国家极其广大。除了建年号、改国号，至元三年（1266）他还在燕京设立太庙，祭祀祖先。至元七年（1270）制定朝仪，采纳中原的礼仪制度。大蒙古国的都城原来是漠北的和林，忽必烈放弃和林,在漠南和中原设两个都城。中统四年（1263）五月，升开平府为上都。次年八月，又改燕京为中都。起先以上都为主，但他在至元三年（1266）起积极在中都营建新的皇宫与城墙，至元九年（1272）命名这个新城为大都(包括原有的中都)。后来,大都的地位逐渐超过上都。至于和林，则变成地方机构宣慰司的治所。

第二，建立国家机构和职官制度，确定中央集权的封建专制统治。忽必烈继承汗位后，命刘秉忠与儒者许衡等人考定前代典式，参照现今典章制度，设国家机构和职官制度。在中央，中统元年（1260）四月就正式设立了中书省，执掌政事。中统四年（1263）设立枢密院，主管军务。至元五年（1268）设立御史台，掌握对百官的纠察。另设大宗正府，仍置扎鲁花赤（断事官），但渐渐只管蒙古公事。在地方上，即位之初就设置宣抚司，后改称宣慰司，主持日常军民政事，上隶行中书省，下辖路府州县，又设提刑按察司（后改为肃政廉访司），分别隶属于御史台或行御史台。遇有征伐，在特定地区设行枢密院，是临时机构。忽必烈订立制度，使官有常职，位有常员，食有常禄，而且尽量录用故老旧臣、山林遗逸和具有才学之人。

在建立国家机构和职官制度的同时，为了加强中央集权，忽必烈一方面限制诸王勋贵的特权，另一方面，也逐步削夺了汉人世侯的特权。

第三，实行劝农政策，使农业得到恢复和发展。忽必烈在中统元年（1260）设置十道宣抚司时就规定宣抚司有劝农的职责。后来的宣慰司、行中书省也是这样。从中统二年（1261）起，又在中央建立了劝导督察农事的机构。先称劝农司，后改为司农司、大司农司。这个机构的主要职责是"劝诱百姓、开垦田土、种植桑枣"。从至元元年（1264）起，规定以"户口增、田野辟"作为考课官吏的首要标准。而且，历年采取了一系列招集逃亡、鼓励开垦、发展屯田、兴修水利、限制"抑良为奴"、禁止军队占农田为牧场和践踏庄稼、禁止擅兴妨碍农时的不急劳役等措施。到了13世纪60–70年代，中原地区长期遭到破坏的农业生产基本上得到了恢复，有的地方甚至得到了发展。

许衡像

第四，承认和提倡以儒学为主体的汉族传统文化，并设立国子学，用汉文化教育勋戚子弟。至元四年（1267），忽必烈在上都重建孔子庙。同年十月，又命许衡为国子祭酒。此后，许衡长期在燕京主持国子监的教育工作。在忽必烈的支持下，各地学校也有了恢复和发展，这就有利于中原传统文化的保存和发展。

忽必烈推行汉法，表现了蒙古游牧民族在征服中原后，必然要适应发展程度较高的中原汉族农业封建文明的历史趋势。在这方面，忽必烈是蒙古贵族中的杰出代表。

2. 完成统一

忽必烈稳定政局后，继续发动对南宋的战争。他采纳南宋降将刘整的建议，于至元五年（1268）集中兵力攻打江汉之间的重镇襄阳、樊城。南宋军民进行的襄樊保卫战长达6年之久，战斗十分激烈。由于得不到南宋政府的支持，至元十年（1273），襄阳守将吕文焕变节投降，元军才夺取了襄、樊二城。至元十一年（1274），忽必烈命丞相伯颜为统帅，自襄阳出师，兵分水陆两路，大举东下，直逼临安。这时南宋度宗刚死，年仅4岁的赵显即位，是为恭帝。权臣贾似道当权误国，政治更加腐朽昏暗。在朝野敦促下，贾似道被迫率13万军队、战舰2500艘，号称百万，迎战元军。双方在池州（安徽贵池）下游丁家洲相遇，宋军一战即溃，贾似道旋即被擒，途中被杀。至元十三年（1276）二月，元军攻占临安，恭帝赵显及谢、全两太后等被俘北去。文天祥、张世杰、陆秀夫等人在福州拥立赵昰为帝，是为端宗。他们在人民群众的支持下，曾在江西雩都大败元军，收复赣州、吉州的一些属县。至元十五年（1278）十二月，文天祥转战到广东海丰北的五坡岭时，终因寡不敌众被

文天祥像

元军俘获。后来在大都被囚禁 3 年，拒不投降，英勇就义。陆秀夫和张世杰于至元十六年（1279）退至广东崖山，也被元将张弘范追击。陆秀夫背着新立的小皇帝赵昰投海而死，张世杰奋力突围时也坠海而死。南宋最后灭亡。至此，元朝实现了中国的大统一，结束了唐末五代以来军阀割据及辽、宋、夏、金等南北政权对峙的分裂局面。元朝的统一，有利于国内各民族的联系和民族融合，促进了多民族统一国家的形成，有利于祖国边疆的开发；元朝的统一，也有利于中外经济文化交流的发展，为国家进一步的繁荣昌盛打下基础。

3. 实行海上扩张

忽必烈时期加强了海上的扩张和强势的外交政策，对占城和爪哇实现了军事上的控制。

占城，位于印度支拉半岛东南沿海地带，在今越南河静、平顺两省境内。宋以前称林邑、占婆或环王国，“近琼州，顺风舟行一日可抵其国”，汉、唐以来即为我国友好近邻。元世祖时期，占城国王“岁遣使来朝，称臣内属”，屡“贡方物”，后来，新王补的继位，不甘受制于元朝，遂执扣元政府派往马八儿国（今南印度一带）的使船。至元十九年（1282），忽必烈以占城“负固弗服”“既服复叛”为由，“发淮、浙、福建、湖广军五千，海船百艘，战船二百五十”“决意进讨”(《元史·占城传》)。

这年十一月，唆都率水师自广州浮海至占城港，依岸屯驻，补的亲率重兵囤守港西木城。唆都 7 次遣使诏谕，均遭严词拒绝。

至元二十年(1283)正月十五日半夜，唆都发船攻城，其中 1600 人攻城北，300 人攻城东沙咀，另 3000 人分三路攻城南。负责攻城北的水军从半夜行至天明泊岸登陆，途中 70% ~ 80% 的舰船为风涛击沉。占城国开木城，以象队为前锋，出动 1 万余人与元军浴血相抗，经激战，终因不敌而城破，补的率部潜匿深山。十七日元军又整兵进入大州。补的一方面屡次遣使求和，作为缓兵之计，同时又派人去交趾、真腊、阇婆等国借兵，并征募多龙旧州兵马，准备与元军决战。然而，因慑于元军实力，诸国并未响应。二月十六日，元军直赴占城国王所在之境，占城士兵顽强奋战，避实就虚，旁袭元军归路。双方相持到六月，唆都在大朗湖又大败占城水师。但是占城国王避居山中，指挥抗战，仍不屈从，而唆都所部亦损失不少。次年二月，忽必烈再派江淮兵 15000 人，乘 200 艘船，循海路驶援占城元军，然而仍是劳师无成，唆都只得于三月六日引军返航。同年七月与十一月，占城遣使入元朝贡，忽必烈也于至元二十六年(1289)放弃对占城的海上扩张政策。从此，两国恢复了正常的航运交往。

爪哇即古阇婆国，其国“宫室壮丽，地广人稠，实甲东洋诸番”，“自泉南登州海行者，先至占城而后至其国”。在忽必烈海外扩张时期，“期出师海外诸蕃者，惟爪哇之役为大”（《元史·爪哇传》）。

至元十七年（1280）与二十三年（1286），爪哇杜马班国王葛达那加剌曾先后遣使入元，但骄横的忽必烈因其王室未能亲至而不满。至元二十九年（1292）二月，元右丞孟琪持书入使，被爪哇王黥面，忽必烈因而诏命邓州旧军万户史弼、泉府太乡亦黑迷失（又称伊克穆苏）、福建行省左丞高兴，率福建、江西、湖广3省军2万，舰船1000艘，往征爪哇。六月，为确保舰队顺利进军，又暂禁两浙、广东、福建的商贾航运。十二月，史弼等集军自泉州后诸港启程，一路上风急涛涌、舟船掀簸，士卒皆晕，数日不能进食。舰队经七洲洋（南海北部）、万里石塘（西沙群岛），历交趾、占城海岛，于次年（1293）正月至东董山、西董山（今纳士纳群岛），入混沌大洋（今南海南部水域），再经橄榄屿（今加里曼丹岛坤甸西面海中一岛）、假里马答（今加里曼丹）到达勾栏岛（位于加里曼丹岛西南端附近），然后驻兵伐木，准备造小舟登爪哇岛。同时，史弼等派宣慰使先期招谕。二月，元军继进吉利门（今马威安岛），并在爪哇岛中部北岸的杜并足（在今爪哇锦石西北）登陆。然后，兵分两路，史弼率水师由戎牙路（今泗水）港口顺泗水航至八节涧

（在泗水南），高兴与亦黑迷失率兵由陆路前往会师。

当时，爪哇与邻国葛朗的关系正遭遇着重大危机，爪哇王被葛朗主所杀，王婿土罕必阇攻葛朗未能取胜，听到史弼率元军至，即遣使以其国山川户口及葛朗国地图迎降求救。史弼等分兵3路击败葛朗。四月十九日，爪哇王婿见葛朗已平，就以准备入贡礼品为名，归国起事。在土罕必阇求救于史弼时，原尚有进献公主之约，后元军责其践诺，爪哇宰相昔剌难答吒耶以公主“目击战事，甚震慴，不欲见武器”，要求元军不带武装，遣高位者来迎亲。元军不知有诈，以200人赴约，突遭爪哇军伏击，败逃而归。继而，土罕必阇率众乘胜反击，元军毫无准备，且战且走，仓促退军300里，才登舟脱免。接着，经往北昼夜航行，返达泉州，损兵折将计3000余人。至元三十一年（1294）忽必烈去世，随后，元朝与爪哇又很快恢复了传统的友好交往。

忽必烈对东南亚的两次海上扩张均以败绩而告终，但从航运史角度考察，有两点值得注意。首先，这些水师规模都相当巨大，船舶少则100余艘，多则1000余艘，它反映了元代强大的远洋航行实力与高超的编队航行技术，这在当时世界上是罕见的。其次，从史弼远征爪哇失败后，连续航行18天即返回泉州的记录来看，其航期已比宋代“顺风昼夜行月余”缩短了12天左右，这反映了当时的航行驱动设施、导航仪器水平以及船舶操纵技术都已有了较大的提高。

4. 加强政治统治

元朝的版图是我国历史上最大的，超过汉唐盛世。《元史·地理志》写道，元朝的地域“北逾阴山，西及流沙，东尽辽左，南越海表”。我们祖国今天的辽阔疆域，就是在元代基本上定下了轮廓。

在行政区划方面，元代的一大贡献就是实行了行省制度。元朝的中央政务机构中书省直辖河北、山东、山西，这些地方被称为“腹里”，其他地方划为10个行中书省，分别称为岭北、辽阳、河南、陕西、四川、甘肃、云南、江浙、江西和湖广。行中书省简称行省。原来行省是临时的军政机构，忽必烈灭南宋后才逐渐把行省固定下来。

行省制度的确立对中国社会的后世发展产生了深远的影响。最突出的一个影响是，它为明、清及其以后我国的行政区划的形成奠定了初步的同时又是非常重要的基础。其次，行省制度为中央加强对边疆地区的管辖做出贡献，尤其是台湾和西藏，它们成了中央的直接管辖区域。行省制度实施之后，各民族统一受中央政权的管辖，这大大促进了民族间的交流与融合，加强了中华民族的凝聚力和向心力，让整个中华民族成为一个不可分割的整体。

元朝统一全国之后，进一步扩大种植棉花的范围，为之后我国棉纺织业的发展创造了条件，但是元朝首都人口众多，所以粮食大都依赖南方供应。为了解决运输困难，忽必烈组织民众开凿了从山东东平到临清的会通河，后来又让郭守敬主持开凿了从通州到大都的通惠河。这样，原有的运河连接起来，漕运粮船可以从杭州直通大都。

元朝的海运规模空前盛大，最重要的粮食运输线在海岛，粮船始发地是长江口的刘家港，途经黄海和渤海到达直沽，后转至大都。

郭守敬像

元大都不仅是当时中国的政治中心，由于元朝各地的大城市迅速发展，各地方城市的商业异常繁荣，元大都在当时也是全国的商业中心，是世界上著名的商业城市。随着社会的发展，元朝的对外交往和海外贸易也日益繁荣起来，当时元朝对外贸易的最大港口城市就是泉州。

元朝版图广大，民族众多。忽必烈利用和笼络各族上层在全国建立了自己的统治，元朝统治实质上是蒙古贵族及其他各族封建主对各族劳动人民的阶级统治。但与此同时，元朝的统治者将蒙古族视为国族，蒙古贵族享有各种特权，又以征服民族的先后、归顺的程度和民族的种类等其他状况，将各民族划分为不同的等级，对底层民族和广大的下层民众进行压迫。

元朝统治者把全国人民分为蒙古人、色目人（包括我国西北各族和来到中国的中亚、东欧人）、汉人（原来金朝统治下的汉、女真、契丹，渤海、高丽以及四川地区的汉人）、南人（指原来属南宋地区的汉族和各族人民）四等，在政治上、法律上、经济上都有不同规定。这种等级划分，目的是分化各族人民的团结，防止各族人民联合起来进行斗争。

在忽必烈身上表现出他是革新与保守的矛盾统一体。在统一全国前，革新是忽必烈的主要方面；在统一全国后，忽必烈的保守思想逐步增长，嗜利、黩武的天性也进一步膨胀，这是忽必烈的消极方面。至元三十一年（1294），忽必烈病逝，享年 79 岁。忽必烈死后，他的后继者发展了他消极反动的一面，使元朝中后期阶级矛盾和民族矛盾日趋激化，统治集团内部争权夺利的斗争也更加尖锐。这就是统一的元朝不到一个世纪就灭亡的根本原因。

延伸阅读

忽必烈时期三使俱兰与波斯湾之行

在元朝时期（1260—1368）海外诸国中，马八儿与俱兰（宋称“故临”，今印度半岛西南部奎隆）是南亚最重要的两个地区，而俱兰又为马八儿之后屏障。至元时期（1264—1294），经亦黑迷失与唆都等人的多次海外招谕，占城、马八儿等国都已“奉表称藩”，但俱兰诸国则尚未响应。为进一步扩大元朝的政治影响，打通印度洋航路，开展海外贸易活动，忽必烈又派广东招讨司达鲁花赤杨廷璧三使南洋。

至元十六年（1279）十二月，杨廷璧首使俱兰，并于次年二月到达该国。国主必纳的令其弟用回字书写表文，附交杨廷璧，表示来年将遣使通交。

同年十月，忽必烈为加快结交步伐，授哈撒儿海牙为俱兰宣慰使，命他和杨廷璧一起再往俱兰。此行于至元十八年（1281）正月自泉州登舟南航，经过 3 个月，抵达僧伽耶山（即前述僧伽剌国）。因其时北印度洋上东北季风开始转向，无法顺利西行，“舟人郑震等以阻风乏粮”，劝杨廷璧一行改“往马八儿国或可假陆路达俱兰”(《元史 · 马八儿等国传》)。四月，元朝使团在马八儿国新村码头登岸。当时马八儿与俱兰的关系非常紧张，其国王 5 兄弟聚集在加一之地（印度半岛东南角土提利林以南的丹勃拉帕尼河口附近），议与俱兰交兵，故而杨廷璧一行几经商洽，均被对方借故推辞，只好先返回本国，准备到十一月等东北季风刮起后，再举帆前往俱兰。

不过这一次，朝廷仅派杨廷璧一人携国书率领使团出洋，到次年（1282）二月航行到达俱兰，受到了其国王与宰相的热烈欢迎。三月，俱兰国王即遣使臣出访元朝。当时，这里可温（基督教）的兀咱儿撒里马与木速蛮(伊斯兰教)主马合麻等正好也在俱兰，听说元使来到，便相率来告，愿与元朝建立友好关系，苏木达国也遣人至俱兰，提出同样的要求。杨廷璧圆满完成了在俱兰国的外交任务后，在返航途中，又先后访问了那旺国（今尼科巴群岛中一岛）与苏木都剌（今苏门答腊岛中部以外部分），并建立了友好关系。

到至元二十三年（1286），在杨廷璧三使俱兰和南洋的影响下，从马来半岛到东非的广大区域，有 10 个国家与元朝建立了遣使通好的外交关系，他们是：马八儿、须门那（今印度卡提阿瓦半岛南部的松纳特）、僧急里（今印度西岸科钦西北之克兰加努尔港）、南无力（今苏门答腊岛班达亚齐一带）、马兰丹（苏门答腊岛上一古国）、丁呵儿（今马来半岛东岸瓜拉丁加奴）、来来（在今印度卡提阿瓦半岛）、急兰亦得（今马来半岛东南吉兰丹河下游哥打巴鲁）、苏木都剌（今苏门答腊岛萨马朗伽）等。

孛罗（1246—1313），是成吉思汗御前千户禹儿乞·宝儿赤的孙子。他从小经元世祖忽必烈的一手培养，学识渊博，深受其宠爱，至元十四年（1277）被任命为枢密副使。至元十九年（1282），统治波斯的伊利汗国的执政者阿八哈卒，弟帖古迭儿（又名阿合马）继立，而阿八哈之子阿鲁浑声言其父曾受大汗忽必烈册命，在权臣不花支持下起兵推翻其叔，夺回汗位，并遣使入元奏报。为解决伊利汗国的政局问题，至元二十年（1283）夏，忽必烈诏命孛罗出使该汗国。他先循海路航行到达波斯湾的忽鲁谟思（今霍尔木兹），然后沿伊朗法尔士北上，于至元二十一年（1284）初，在波斯西北部阿儿兰（今阿塞拜疆境内）的撒莱·曼苏里牙晋见阿鲁浑，被留任要职，参议政事。在伊利汗国，孛罗曾先后襄助阿鲁浑、海合都、拜都、合赞、合儿班答等汗，统率过万人御林军，发行过交钞，参与编撰重要的文献《史集》，被合赞汗和合儿班答汗的丞相拉施都丁誉为“统率伊朗、土兰军旅的大埃米尔、世界各国的领导者孛罗丞相”（拉施德丁:《史集》卷一)。忽必烈曾说“孛罗生吾土,食吾禄,而安于彼”,对此不无遗憾之感。实际上,孛罗远航波斯湾后一去不复返,却为元代与伊朗之间的航运交往史留下了一段历史佳话。

杨枢是大德年间的中级海运官员。大德五年(1301),他率领“官木船”“至西洋”,航达波斯湾。返回时,伊利汗合赞的使者那怀等人随杨枢一起赴元。后来,那怀仍由杨枢护送回国,元朝当即表示同意,并加封杨枢为忠显校尉海运副千户。大德八年(1304),杨枢等第二次举帆远航,于大德十一年(1307)抵达忽鲁谟斯,并购买了当地土产白马、黑犬、琥珀、葡萄酒等满载而归。黄溍在《海运千户杨君墓志铭》中称,“君往来长风巨浪中,历五星霜”,“凡舟楫樱粮、器物之须,一出于君,不以烦有司”(黄溍:《海运千户杨君墓志铭》,《金华黄先生文集》卷三十五)。由此可知,杨枢是一位精通航运业务的行家。

元代严苛的法律制度是扩张统治的后盾

1. 元代的“札撒”、《札撒》与《大札撒》

在中国北方少数民族中,蒙古族是为数不多的法制民族,是在封建时代以法建国、依法治国比较进步的王朝,促进了具有农牧经济特点的完整的中华法制的建立和形成。20 世纪 80 年代前期，法律史学界对成吉思汗时期到底有无法律进行过较大争论。经法律史学者和蒙古学专家的不断的努力，已确定成吉思汗时期确实存在法律。蒙古习惯法是那时期具有法律效力的律令，而且还正式颁布了法令《札撒》。并经长期发展而形成的民族法律文化传统对其后的元代法制产生了重大影响。

“约孙（yusun）”为蒙古民族世代相传的古老习惯，有“理”“道理”的含义。学者们经过共同的研究普遍认为，“约孙”是具有实际作用的“习惯法”，且是蒙古法中最主要的法律渊源。据蒙古历史书籍的记载，“札撒（yasa）”常常和“约孙”一词一起出现。“札撒（yasa）”系蒙古语的汉语标音写法，也读作“札撒黑（yasaqha 或 yasaq）”。学者们对其语源存在不同的见解。在《蒙古秘史》成吉思汗征讨塔塔儿部的记载中：“战前成吉思汗共议而申令云：‘若胜敌人，则勿止于利物，既胜之后，其利物即为俺所有矣，可共分之。若被敌人战退，则自初冲之地反攻之，自初冲之地不反攻者，吾其斩之。’”此处的申令原文为“札撒黑，呜诂列勒都仑”，旁注为“军法，共说”。“札撒”为“纠正”“治理”之意，“札撒黑”是其名词形态，有“政令”“惩则”之意。另外，“札撒”还有其他意思，在《史集》等史料中，“札撒”含临时性的命令或禁令之意，绝大多数随着特殊事件的发生而出现，随着事件或战争的结束而结束。其中部分“札撒”

经过聚会、议定、颁布这样的程序而具有永久性意义和普遍的约束力。史料称其为《札撒》，但意义范围已经扩大，甚至与当时具体的人和事情的札撒完全不同。“忽里勒台”的中文意思是聚会，实际上是蒙古早期部落联盟议事会议，是一种原始民主的产物。随着蒙古帝国建立，它也成为国家最高权力的象征，可以决定很多蒙古的政治、军事等重大事项。随着“汗”权的强大，它日益成为大汗手中的有力武器，一直影响着蒙古社会。尤其在立法活动中，忽里勒台充当了大蒙古国拥有最高立法权的机关，大汗通过它制定、颁布各项法律条文。通过这种立法机关比较系统化地宣布号令，表明蒙古统治者已经开始通过立法主动依照法律来管理、组织社会。这是蒙古法制史上的第一个飞跃。

九游白纛模型

尽管如此，蒙古族

颁布的“札撒”却没有形成统一的整体，仍处于零散状态。因而蒙古汗国太祖元年（1206）成吉思汗在斡难河源建九游白纛，召集大忽里勒台，被尊称“成吉思汗”后，便令失吉忽秃忽做了最高断事官，对他作此要求：“于举国百姓中，惩彼贼盗，勘彼诈伪，死其当死者，惩其当惩者……将举国百姓所分之份，所断之案，书之青册文书，传至子子孙孙，其勿更改失吉忽秃忽与我拟议之白纸所造青册文书，脱有更改者，则当罪之。”（佚名：《蒙古秘史》）意思是对《札撒》进行整理、汇编，只是对原有的、现行有效的札撒的系统收集整理，而不是具有立法性质的法典颁布或法典编纂，并在以后数次颁布《札撒》。蒙古汗国太祖二十三年（1229），窝阔台汗在成吉思汗死后接任其位，遵从成吉思汗的遗嘱，汇集所有成吉思汗所颁布的具有普遍意义的《札撒》，并将其重新明确肯定，这之后称之为《大札撒》。

2.《条画五章》与《便宜十八事》

蒙古族发源于蒙古高原，他们通过发动各种战争最后建立起大蒙古国，统一了亚欧大陆，但是在蒙古法律的成长环境中，他们始终把“漠北”（今蒙古高原沙漠以北）作为中心，所以无论是法律的成长地区还是发达地区，都保留着游牧民族的文化特质。随着蒙古人对外战争的不断扩张，他们的疆域愈加辽阔，所以蒙古的法文化以札撒为中心也开始向外扩展，中心地点是蒙古草原。蒙古国家在亚洲中部和西部建立的政权所统治的地区，是长期受伊斯兰文化影响的地区。因此，蒙古汗国的法文化当中，有许多体现伊斯兰法文化特征的内容。蒙古法文化与伊斯兰法文化走过了一个相互协调融合的过程。但是在蒙古汗国的伊斯兰化的过程中，直到 14 世纪前期伊利汗国瓦解，蒙古统治者的内心深处实际上仍然保留着成吉思汗《大札撒》的神圣性和其绝对的指导地位。

成吉思汗汉化是受金人影响。蒙太祖五年（1211），成吉思汗即位不久，金朝未降，蒙古国朝廷接受了金朝降将郭宝玉“建国之初，宜颁新令”的建议，颁布了《条画五章》，规定：出军不得妄杀；刑狱惟重罪处死，其余杂犯量情笞决；军户、蒙古人、色目人每丁起一军，汉人有田 4 顷、人 3 丁者签一军；年 15 以上成丁，60 破老，站户与军户同；民匠限地 1 顷；僧道无益于国、有损于民者悉行禁止等。“条画”，据《辞源》解释：为“分条规划”在宋代就已经出现。《宋史·河渠志》之二《黄河》条中元祐四年（1089）即有：“四月戊午，尚书省言：大河东流，为中国之险要……诏范百禄赵君锡条画以闻。”其字义，与法史上的科条、条目、条陈、条款、条禁、条对、条例等词有诸多相同。到宋代熙宁二年（1069）设有“制置三司条例司”，简称条例司，掌经画邦计，议变旧法。就“条画”两字溯源可看出，《条画五章》已受到汉文化非常明显的影响。所以这一次的条画颁布是蒙古势力南下，与汉文化接触后，蒙元法律也在逐渐被汉化，或者是蒙元统治者有意识地借鉴中原汉王朝法律，自觉汉化的开始。

对蒙古法文化和中原法文化的融合做出巨大贡献的人中，不得不提耶律楚材。

耶律楚材是契丹皇族后裔，先后受到蒙古最高统治者的信赖与重用，他做官将近30年，是辅佐元太祖、元太宗的两朝元老。元太宗元年（1229），元太宗窝阔台继承汗位，不久之后即下令“条《便宜十八事》，颁天下”，条例规定：“州县非奉上令敢擅行科差者，罪之；蒙古、回鹘、河西人种地不纳税者，死；监主自盗官物者，死；应犯死罪者，具由申奏待报，然后行刑。”儒家文化对耶律楚材影响颇深，他想将中原法文化引到蒙古，便介绍给蒙古的统治者，可是据史籍《便宜十八事》证实，蒙古法文化在蒙古国根深蒂固，他根本无法挣脱蒙古法文化的束缚，所以，整体而言，蒙古最重要的法律还是以《大札撒》为核心的法令。成吉思汗在位时，蒙古国凭借强制力，颁布了一系列具有绝对权威性的法令，他逝世之后，窝阔台及其后的大汗确立的新的《札撒》，立法明确规定成吉思汗《大札撒》的地位，使它仍保持绝对权威，所以，对《大札撒》的绝对服从是各位大汗取得合法资格的重要依据，正所谓："祖训不可以违，神器不可以旷。"成吉思汗之后的大汗，如窝阔台汗、贵由汗、蒙哥汗等，他们都秉承"草原主义"文化观，而且漠北地区仍然是蒙古帝国的政治法律中心。元太宗六年（1234），"窝阔台汗在达兰达巴之地，大会诸王、百官，颁条令曰：凡当会不赴而私宴者，斩。诸出入宫禁，各有从者，男女以十人为限……"它继续着成吉思汗《大札撒》的立法形式和内容。其中蒙哥汗本人也"自谓遵祖宗之法，不蹈袭他国所为"，那众大臣自然也"岂可舍大朝之法，而从亡国政耶"？

3.《至元新格》与《风宪宏纲》

在中国历史上，元朝是第一个由北方少数民族建立的大一统帝国。随着蒙古对中原内地占领地域的扩大，以及其统治的深入，中原地区在大蒙古国的地位越来越重要。因而当蒙哥汗于1251年继承汗位后，因其同母弟忽必烈最长且贤，"尽属以漠南汉地军国庶事"，但其总的指导思想无非是把其在蒙占地区的政治法律制度推广到中原的广大地区，所以当忽必烈借鉴汉文化进行政治法律改革触及蒙古贵族的利益时，蒙哥汗就出面进行干预，剥夺其权力，使其改革停滞不前。蒙哥汗死后，忽必烈于中统元年（1260）宣布继大汗位，在继位诏里明确宣布："爰当临御之始，宜新弘远之规，祖述变通，正在今日，务施实德，不尚虚文。"表明新政权参用中原王朝的传统体制以改变蒙古统治者"武功迭兴，文治多缺"的局面的决心，并建元中统，更明确地强调新政权为中朝正统、"天下一家"的地位。由于认识到其统治重心已经逐步地移向中原地区，面对的是拥有悠久历史的农业社会，采用汉法对于巩固与稳定以汉文化为主的地区的统治具有不容忽视的作用，所以忽必烈在打败阿里不哥，取得汗位之争的彻底胜利后，就在中原儒家刘秉忠、姚枢、郝经、许衡、王恽等人的影响下，加快了对中原传统法律文化的吸收。但是以《大札撒》为代表的蒙古政治法律制度已经扎根于蒙古统治者的思想深处，如何才能既对中原实施有效的统治，又保有北方草原民族长期形成的制度和习惯，成为元初君臣无法回避的一个重大历史课题。郝经据此提出并论证了"三法合一"的"以国朝之成法，援唐宋之故典，参辽金之遗制，设官分职，立政安民，成一王法"(《元

刘秉忠像

史·郝经传》）的立法构想，即以大蒙古国建立以来的祖训、札撒为根本依据，援引以唐宋为代表的中国传统法制的精髓，参照元建立之前的北方的辽国、金国的各种制度，建立起自己的政治法律制度。这里，成吉思汗以来的祖训、札撒仍然居于根本的地位。实际上，蒙古统治者仍然是徘徊两端，因而元代法制在相当长一段时间未能取得显著的进步。中统元年（1260）元世祖忽必烈继位，1271 年颁诏禁行金《泰和律》。元世祖至元二十七年（1290），命中书参知政事何荣祖以公规、治民、御盗、理财等 10 事辑为一书，名曰《至元新格》，次年刻版颁行。尽管明初的《元史·刑法志》认为“及世祖平宋，疆理混一，由是简除繁苛，始定新律，颁之有司，号曰《至元新格》”，但后人多认为其“大致取一时所行事例，编为条格而已，不比附旧律也”，《至元新格》实为“条格”一类的规范，并不将其视为正式的律典。与其命运相似的还有《风宪宏纲》。“仁宗之时，又以格例条画有关于风纪者，类集成书，号曰《风宪宏纲》。”这是一部关于纲纪、吏治的专门法典，其内容仅史籍中有片言只语可考。

4.《通制条格》与《元典章》

蒙古人入主中原后也明白了，在中原这片土地上，蒙古族的文化法令显然不再适用，所以蒙古的统治者在实施金《泰和律》的同时，又仿照汉文化的法律习惯，参照辽、宋、金的法规制度，开始修订新的法律，但这个过程是十分漫长的，历经数十年，进展缓慢，收效甚微。至元八年（1271）十一月，元世祖决定将国号改为“元”。为了显示新朝气象，他下令禁止了金《泰和律》的实施。中统初年的时候，丞相史天泽和姚枢等人曾经制定过一部《条格》草案和一些“条画”之类的单行法规，但是尚未成型，所以此时还没有一部适合的“新规”可以代替《泰和律》，此前数年一直把《泰和律》当做国家统一法典，这时候突然将其废除，所以在元帝国的法律体系中就留下了这么一段空白难以填补，而全新的可以代表统治阶级利益的法典迟迟未能面世。至元三十一年（1294），元世祖忽必烈去世，他的皇孙铁穆耳继任皇位，史称元成宗（1294—1307在位）。铁木真在位期间，一心只想巩固疆域，所以在立法方面只是继续着修订律法的任务，但是始终没有较大成效。元成宗大德四年（1300）的时候，何荣祖等人把初拟好的律令草案（当时人称为《大德律令》）呈给元成宗，但是元成宗看后不满意，所以《大德律令》最终没有得到实施机会，一直到元成宗去世，修订律法的大业还没有完成，让当时的司法情况一片混乱。后来武宗继位，也在继续修订法典，统一修订汇编条格和政令方面的问题，但是进展依旧缓慢。后来仁宗登基，他一再督促，终于在延祐三年（1316），律书的草本出来了，“延祐律书草案”的完成，初步实现了世祖、成宗、武宗、仁宗历代皇帝制定有元一代律书大典的夙愿。可是，“延祐律书”草书初成之后，并没有马上实施，又经过漫长的8年时间，直到至治三年（1323）二月才正式使用：“格例成定，凡二千五百三十九条，内断例七百一十七，条格千一百五十一，诏赦九十四，令类五百七十七，名曰《大元通制》，颁行天下。”至此，从元一代开始的法典《大元通制》最终颁行。它的颁布标志着元代法典基本上定型。《大元通制》全书共2539条大篇幅的条令，如今大部分已经丢失，仅存《通制条格》646条，元代政书、《元史》（纪、传、志等）、文集、类书、笔记等里面也有零散的记载，但它的全貌最终还是难以复原了。

当时随着《大元通制》的面世，还出现了《元典章》。《元典章》是至治二年（1322）以前法令文书的分类汇编，全称是《大元圣政国朝典章》。在元中期以前，曾规定各地官府抄集中统年以来的律令格例，“置簿编写检举”，作为官吏遵行的依据。可见这些法律文书在当时都是地方官吏自己编撰的，后来中书省批准之后开始在全国实行。《元典章》有前、新两集，前集共60卷，包括10门内容：户部、礼部、兵部、吏部、工部、刑部、圣政、诏令、台纲、朝纲，373个目录，每个目录分成若干个条格。而新集里面不分卷，体例与前集也不一样，共8门：户部、礼部、兵部、吏部、工部、刑部、朝纲、国典，门下面分目，每个目录也是分成若干个条格。它的内容包括元世祖中统元年（1260）到元英宗至治二年（1322）间的诏令、判例和各种典章制度，包括封建国家的根本制度、行政制度、刑法制度、统治效能、专政职能、民事婚姻。《元典章》中判例和条格最多的是关于《刑部》的，是全书内容的1/3，它的这种按户部、礼部、兵部、吏部、工部、刑部分类的体例，为之后明、清律法开创了先河。《元典章》是研究元代历史不可或缺的重要文献。

尊儒崇汉的蒙古族政治家
——耶律楚材

耶律楚材（1190—1244），契丹人，字晋卿，号玉泉老人，法号湛然居士，蒙古名字叫吾图撒合里，是中国13世纪杰出的少数民族政治家。他以儒家治国之道提出和制定了各种施政方略，为蒙古帝国的发展和元朝的建立做出了巨大贡献。

1215年，蒙古军队攻占了金中都，耶律楚材成了成吉思汗的臣子。耶律楚材先后辅佐成吉思汗父子26年，其中14年都在担任中书令，他以拯救斯民为己任，辅佐元朝统治者，积极推行汉人治国的法律，实施了一系列有利于社会发展的政治、经济、文化措施，成吉思

耶律楚材像

汗及其子孙都受其影响颇深，他的各种措施是元朝建立的基础。乃马真后称制之后，他逐渐不被重视，最后抑郁而死，有《湛然居士集》传世，死后还被追赐为经国议制寅亮佐运功臣、太师、上柱国，追封为“广宁王”，谥号“文正”。

1. 北国卧龙

耶律楚材精通儒学和佛学，是元代著名的政治家，是契丹族辽国开国皇帝耶律阿保机的九世孙。耶律楚材在成吉思汗时期，掌管文书；在窝阔台汗时，做中书令；为统一北方筹谋划策；为引导蒙古汉化、建立各种规章制度竭尽全力，是促进蒙古族立国中原不可或缺的重要人物。

辽天显元年（926），辽太祖耶律阿保机灭渤海、松辽流域建东丹国，欲让其子耶律突做一国之主。耶律突十分仰慕中原文化，积极认真学习，不仅通晓汉文、懂诗画、通音律、医学，且在自己的东丹国仿效实行汉族地区的封建制度。此做法虽得到阿保机的称许，但遭到守旧贵族的一致抵抗。阿保机死后，耶律突兄长德光继位，与太后述律氏联合，打败了耶律突。耶律突无奈之下，便“载书浮海”，逃亡中原。金灭辽后，耶律突的后代耶律楚材的七世祖娄国移居中都燕京，娄国的后代，任职将军、太师者，颇不乏人。金灭辽后，耶律楚材的祖父德元始归顺大金，获封兴平军（今河北卢龙）节度使。德元的儿子，耶律楚材的父亲耶律履，被金世宗任命翰林待制、礼部侍郎；等到了章宗即位，他升礼部尚书、参知政事，不久又官至尚书右丞，成为一人之下万人之上的当朝宰相。耶律履遵从先祖遗志，学习汉族文化，同样博学多艺，通晓女真、契丹和汉族 3 种语言。

金章宗明昌元年（1190）六月二十日，耶律楚材在首都燕京（今北京）西山降生。此时其父亲耶律履已经是花甲之年，老来得子，十分欢喜。在此之前，耶律履已有了两个孩子，但都资质平平，看着也不会有大作为，而对晚年所得幼子，给予非常大的期望，时常夸耀耶律楚材。可是，大金国往日的威风虽还在勉强支撑，但是各种腐败现象已经显露，国势逐渐衰微，就算孩子有再大才干，那还有什么用。耶律履据《左传》“楚虽有材，晋实用之”之典故，为小儿子起名为“楚材”，字晋卿，既然不能在金国施展才华，那就在别的地方好好干一番事业吧。在耶律楚材身上寄托了父亲的美好愿望，也反映了当时时代的艰辛。少年时代的耶律楚材是由母亲教授学业的，其母姓杨名杏新，是隋朝杨坚的后代，杨氏与耶律履的相识颇具传奇色彩。

据说，有一次耶律履同朋友喝酒，见到一位面目清秀、知书达理的女子，立刻倾心，便向朋友打听："此女是何人？"那朋友答道："此女乃隋文帝杨坚后代，其父生性嗜酒，耗尽家财，便卖妻女还债，其女便被朋友领回，认作干女儿。"耶律履同情她的身世，于是将其收为小妾，不久，便生下了耶律楚材。杨氏温婉贤淑，学识渊博，善弹琴，弹出的曲子美妙无比，耶律楚材自小受母亲熏陶，长大后不但学识过人，而且亦喜爱弹琴作曲。

耶律楚材出生在一个艰难的时代。那时，大金国统治北方已 60 多年，之前辉煌的全盛时期已经过去，各种社会矛盾、弊端已经暴露，国力渐衰，逐渐走下坡路，一天不如一天。从总的形势看，偏安东南的宋王朝一直等待着收复北方的机会；立国灵武的西夏，也伺机而动，趁机与南宋交结，故意侵扰西部边境；新起的蒙古，更是雄心勃勃，接连不断在北边发起进攻。经受三面夹击的大金朝不得不加强战备，日夜操练军队，防边守关。但是这笔数目不小的军费势必会加重财政负担，再加上人心惶惶，社会陷入极度不安之中。同时，由于朝廷腐败，庞大的机构奢侈惊人，内部经济已经陷入了入不敷出的境地。再加上黄河多次决口，三次大泛滥，大量农民流离失所，生活艰苦，社会经济遭到了严重破坏，税收减少，财政状况更加困难。大金统治者为了弥补财政上的亏空，大量发行交钞（纸币），面额逐渐变大，而价值越来越低，到后来一万贯还买不到一个烧饼。无奈之下，又发行宝货（银币），与铜钱、交钞并行，比价不稳定经常变动，币制相当混乱，物价持续飞涨，广大人民陷入了更加艰难的生活。统治阶级内部矛盾也逐渐加剧，皇室之内、权臣之间，党同伐异，危机四伏，处处充满杀机。章宗时，杀了妄图夺权的郑王永蹈、镐王永中；章宗死，卫王即位，权臣胡沙虎发动政变将他杀死；宣宗即位，大将术虎高琪又将胡沙虎杀死。这种统治阶级内部的相互厮杀，反映了政治局势极度不稳定。金朝后期，一系列的危机接连不断，国土面积日益缩小，军队战斗力减弱，地方官贪赃枉法，百姓流离失所，盗贼四起。当时的大金国已经完全失去了活力。最高统治者无意革新，态度消极，整日玩乐，上下同风，所以，但凡有人提出革新，必遭扼杀。看来，再也没有谁能挽救这个处于风雨飘摇之中的国家了。

大金国在一天天衰败，耶律楚材家的权势也不如当年。到了耶律履这一代，曾在金世宗时官至尚书右丞相，耶律贵族的权势到达顶点，然而就在此时突遭变故。耶律楚材刚满 1 岁，耶律履便因病去世。两个哥哥都才 20 岁左右，尚未出仕，家中境况已大不如前。这些变

耶律履像

故对耶律楚材的成长带来很不利的影响。耶律履是一位乐善好施的人，虽高居宰相之位，俸禄可能优厚，但经常仗义疏财，也不善于置家，去世后竟然没有给家人留下一笔可观的财产。没有了父亲的俸禄收入，家里一下子断绝了生活来源，一家人突然变得穷困潦倒。后来，耶律楚材回忆自己的父亲时说:“入仕三十年,庙堂为柱石,重义而疏财，后世遗清白。”（耶律楚材《西游录注》卷十二《为子铸作诗三十韵》）自小贫困的生活更能磨炼人的意志，耶律楚材暗下决心一定要干出一番事业来。

父亲去世后，耶律楚材继续在母亲的教导下努力学习，夜以继日，丝毫不敢懈怠，时间抓得很紧，每天都是学习到很晚，决不为了贪玩赌棋而浪费时间。杨夫人也有诗文说“挑灯教子哦新句，冷淡生涯乐有余”，生活虽不似往日，但看到孩子这么用功读书，望其成才，深感欣慰。耶律氏族虽是契丹贵族，但很早就学习汉文化，对传统的汉族封建文化造诣颇深。耶律家族在耶律楚材出生时就已经是一个完全汉化的封建士大夫书香门第了。父亲去世虽没能给家里留下什么财产，家庭的经济情况有些清贫，但学习条件还是比较优越的，再加上耶律楚材读书十分用功，几年的时间，已经学到了不少知识。据说，他博闻广识，才思敏捷，能下笔成文，奋笔直书，一挥而就。

金章宗泰和六年（1206），成吉思汗称帝，此时耶律楚材刚好16岁，史书记载他“书无所不读，为文有大家气概”，“历、医卜、杂算、音律、儒、释、异国之书，无不通究”（《中书令耶律公神道碑》）。如此博学多才，也可以出仕了。根据当时的制度规定，耶律楚材为宰相之子，可以享有赐补朝廷佐武官的特权，可耶律楚材有更高的理想，希望通过参加正规的进士科考试。章宗不愿改变原有的旧制度，于是便下了一道敕令要当面考考他，在同时参加考试的17人中，耶律楚材回答得最好，于是正式任命他为官衙部门的掾官，就是协助长官，掌管文书的职位。虽说职位不高，但对一个16岁初入仕途的青年来说，也不失为一个锻炼的好机会。然而耶律楚材的这条仕途之路走得并非十分顺畅。当时的官场已经腐败不堪，真正有才能的人得不到重用。耶律楚材在一首诗中谈及其侄儿耶律正卿“学书写尽千林叶，习射能穿百步杨”（《湛然居士文集》），文武双全，可以说是完全靠自己的能力当上了章宗的侍卫，可结果还是“荣枯枕上梦黄粱”，得不到重用。耶律楚材自己也是如此遭遇，尽管在职位上兢兢业业地干了六七年，依旧不过是一个开州同知，除了协助知州处理一些日常事务外，并没有施展才能的机会。这对一个立志干一番事业的精力旺盛的青年来说，当然会觉得生不逢时、前途渺茫了。

金宣宗贞祐二年（1214），为了躲避蒙古军南下的威胁，金王朝被迫将首都迁到南京（今天的开封），耶律楚材的家人也全部南下，而耶律楚材本人被燕京留守完颜承晖留了下来，担任左右司员外郎。这个职务实际上并无实职，只不过是一种寄禄官，说白了是不干事白拿钱。不久，蒙古军便将燕京团团围住，形势紧张，耶律楚材被困城中，城中无粮 60 多天，第二年五月，燕京城被蒙古军攻陷。从此，耶律楚材便与金政权和家人失去了联系。

耶律楚材已经意识到金朝大势已去，处在国破家亡的困境中，前途渺茫，他断了自己求取功名的念想，潜心向佛，开始学习佛理。后来他拜了万松老人（行秀）为师。万松老人俗姓蔡，名行秀，山西运城人，15 岁的时候在邢州（今河北邢台）净土寺出家，后来大明寺的雪岩大师在磁州（今河北磁县）为其传授佛法，学成后，行秀又回到了邢州，建造了万松轩，在里面收徒弟开始教学，所以后人也称他为“万松老人”，又称“万松行秀禅师”。他精通曹洞宗的禅说，长于机辩。年轻时即云游天下，声名显赫。明昌四年（1193），金章宗召见他，询问佛道，并赐赠锦绮僧衣一件。承安二年（1197）又下诏万松行秀住在燕京西郊仰山的栖隐寺，直到他 81 岁圆寂。现在北京西四路口的西南有一座灰色砖塔，里面就埋着万松老人的尸骨。耶律楚材对他尤其尊敬和佩服。当时耶律楚材断绝与外界的来往，一心向佛，专心修禅，即使天气恶劣，大寒大热的时候他也从来没有间断过，废寝忘食，刻苦修炼 3 年之后，终于参透了禅理。自此，耶律楚材成为了燕京城中著名的佛教信徒。万松老人赠给耶律楚材一个法号“湛然”，所以耶律楚材流传于世的文集都是以“湛然”为题。其实在耶律楚材的心中，他始终坚持着致主泽民的理想，彻底远离世俗、遁入空门并非他的志向，他认为“穷理尽性，莫尚佛法；济世安民，无如儒教”。艰难的时势也磨砺了耶律楚材，也更坚定了他经邦治国的雄心壮志，他已经做好了两手准备：“穷，则以简易之道治一心；达，则以仁义之道治四海。”他唯一能做的就是等待，等待时局发展，等待属于自己的机会。可是面对金国的节节败退，他顿觉自己无力回天，即使在佛经中也找不到出路，于是他放弃官位，远走他乡，后来便决定归隐山林，去了燕山林木深处住了下来，每天读书耕地，自给自足，过上了半农半隐的生活。

耶律楚材一直是万松老人的得意弟子。在他跟随成吉思汗西征时，收到万松老人的一封治国的信，内容只有 8 个字，这 8 个字是：“以儒治国，以佛治心。”这条

万松老人塔

格言对于当时蒙古军队的杀戮政策，不能不说是一个警示制约。后来又过了 500 多年，乾隆皇帝在“以儒治国，以佛治心”的后面又加了一句“以道养身”，更趋完善，成为古代经邦治国者的一种境界，一种寄托和理想目标。在以后的生涯中，耶律楚材表现出的种种正气与学识修养就是来源于他的这种外儒内佛的气质和涵养，从而使得他的思想另有一番特色：他崇尚汉文化，但是却没有汉族士大夫的那种狭隘的民族情绪的偏见。在耶律楚材看来，没有什么华夷之分和华夷之防，他的政治理想是华夷统一，天下太平。这在很大程度上得到万松老人的教诲和引导。耶律楚材如果没有这种胸襟、这种气魄，就不可能有历史上的这许多功绩，不可能成为一代文明帝师，充其量只能是帝王侍从。

耶律楚材跟老师万松老人的关系很好，当耶律楚材奉旨随成吉思汗西征，耶律楚材告别恩师万松老人，两人一直书简不绝。他们过从甚密的师生关系还可以从他们的诗文交往中看出来。在蒲华城的时候，耶律楚材由于对老师的思念，一次在梦中梦见了万松老人，醒来之后，记起梦境里的情景，于是作了一首诗，寄给老人。诗是这样写的："华亭仿佛旧时舟，又见吾师钓直钩。只道梦中重做梦，不知愁底更添愁。曾参活句（佛教禅宗指含义深刻，非从言外之意深参不能悟了的语句）垂青眼，未得生侯已白头。撇下尘嚣归去好，谁能骑鹤上扬州？"大概耶律楚材遇到了不顺心的事，颇生出尘之想，向老师抒发自己的人生感慨了。在《湛然居士文集中》，留存有不少耶律楚材送给万松老人的诗。其中有一首七绝："风流彩扇出西州，寄予白莲老社头。遮日招风都不碍，休从侍者索犀牛。"据说这首诗写在一把耶律楚材送给万松老人的孔雀翎扇子上，并在诗中引用庐山东林寺释慧远等人的典故，称万松行秀是"白莲老社头"。诗中字里行间表达了作者对老师的拳拳关切之心。

对于耶律楚材这个高足，万松老人也是十分欣赏，他曾称赞耶律楚材是自己最好的弟子，褒扬他在生活上艰苦朴素。他在为耶律楚材文集所作的序中说："万松一日过其门，见执菜根，蘸油盐，饭脱粟。"万松老人这里述说他去耶律楚材家里，看到他正吃饭的情景，言语里洋溢着他对学生的欣赏、疼惜之情。稻谷脱去一层壳，叫"脱粟"，这时的稻谷还是粗糙的，混有不少外壳，没有精碾。

2. 投军西征

耶律楚材在入仕之前一直在万松老人门下向佛参禅，到元太祖十三年（1218）时，他在燕京定居已经 3 年，他一直在渴盼着一个可以施展才华的机会。此时，成吉思汗为了巩固政权正四处招揽人才，当得知燕京城里有一位博学多才之人名叫耶律楚材时，他立即命人寻找，经过半年才寻得其住处，便立刻派遣奥屯世英、奥屯世保兄弟俩前去诏请。

二人费了很多周折，终于找到耶律楚材的住处，喊了好长时间，也无人出来开门。兄弟俩无奈，便推门进屋，只见一张床上睡了一个小童，向他问道："耶律楚材在家吗？"那小童听了，不肯定，也不否定，只是说："这是湛然居士的住处，他出门已经多日了。"奥屯世保又向小童问道："你可知道湛然居士什么时候回来？"那小童不置可否地回答道："少则五七日，多则十天、半个月，时间不定，有时能在外面过半年哩！”兄弟俩听了，心里很憋气，就不高兴地回去，把情况向成吉思汗禀报了。过了两天，成吉思汗又派三子窝阔台前去诏请，在场的将领们有人建议道：“一个读书人，派兵去把他抓来就是了，何必要一次次地派人去请呢？”成吉思汗解释道：“你们这么说不对！三军易得，一将难求。何况耶律楚材有经天纬地之才，并非一般人可比！”窝阔台临走前，成吉思汗叮嘱道：“一定要谦恭有礼，因为他是当代的贤人，切不可有粗野的言行，否则，必定重责。”窝阔台带了几个侍卫，一同来到耶律楚材的门前，正碰上一个大胡子在园子里为他的青菜浇大粪水呢！窝阔台见那大胡子旁若无人地只顾浇粪水，连眼角也不瞟他一下，就未敢上前，只是站在园子栅栏外面看着。大胡子好像根本未看见有人站在那儿，仍然只顾浇他的粪水，当他浇到栅栏边上的时候，居然把大粪舀子扬得高高的，猛地使劲一泼，那臭烘烘的大粪水一下子浇了窝阔台半身。这时候，窝阔台的随从们正想发火，见到三王爷连续摆手，示意他们不要说话，才好不容易忍住了。窝阔台正想上前搭话，不料大胡子丢下大粪舀子，从地上捡起一把砍刀，径自去屋后林子里砍柴了。窝阔台无奈，只得忍着性子又随后跟进林子里，然后走上前去，恭恭敬敬地说道：“老人家，想必你就是耶律楚材先生了！”那位大胡子听了，不禁哈哈大笑道：“我算什么‘老人家’呀，我今年才二十八岁哩！”说到这里，他扭过头来看看来人，笑道：“刚才，我只顾浇粪水，未曾想到洒你身上了，实在对不住，冒犯了，你居然不生气，使我很觉内疚，请到草屋一坐。”说完，他放下砍刀，领着窝阔台回到屋子里，有个随从趁机告诉他说：“这是我们的三王爷窝阔台，特地奉大汗之令，前来诏请先生的。”耶律楚材这才转过头来，看了看窝阔台说：“三王爷？大汗？难道你们是……”窝阔台急忙说道：“我的汗父成吉思汗久闻先生大名，知你才识过人，特派我前来相请，望先生切勿拒绝，尽快随我前往吧！”耶律楚材又是一笑，说道：“成吉思汗是马上皇帝，要我这一介书生有什么用处？”“先生知识博大精深，才智聪慧过人，声名远扬，久居山林，如明珠暗藏，于世无益，何不出山，辅佑大汗，建功立业，也不枉平生所学。”“我乃辽王后裔，现在又是金国的亡臣，恐怕不宜去做大汗的臣下吧？”窝阔台的一个随从立即说道：“我们的大汗对各族饱学之士，历来是一视同仁，大汗早就盼望见到你了！”经过再三劝解，耶律楚材终于跟随窝阔台来到蒙古，其时为元太祖十三年（1218）的夏天，成吉思汗正在金莲川避暑，听说耶律楚材来了，兴奋异常，亲自接见。大汗一见楚材年仅 28 岁，却留了很长的胡须，又是身长八尺，说话声音洪亮，正是一个美髯公！心中更加欢喜。多少年来，在许多契丹人面前，成吉思汗一直灵活地把自己打扮成被金朝灭国的契丹人的复仇者。这次，他接见这位契丹人的大才子、辽国的皇帝后裔耶律楚材时，并没有忘记他所坚持的这个带有鼓动性的观点，直接对耶律楚材说："辽国王族与金王族素相仇敌，朕今日已经为你们契丹人报了仇，雪了恨了！""报告大汗，我的祖父、家父以及我本人，"耶律楚材回答说，"都早已入朝侍奉金王了，成为金国朝廷的臣仆。既然我已成为金王的臣仆，靠金王赐给的俸禄生活，如果再对金朝怀着敌意，岂不是犯下欺君之罪么？"成吉思汗听后，问道："既然你忠于金朝，为何又弃官出走，归隐山林，终不为金王竭忠尽智呢？"耶律楚材又直言答道："请大汗明鉴，如今的大金王朝，已是千疮百孔，寿终正寝了，我一人无力回天，又不能公然背叛，只能暗中归隐，敬而远之了。"众所周知，成吉思汗历来非常重视一个人的忠君情操的，即使这个人是敌人营垒中的人。因此，耶律楚材的这一番答话使志在吞并天下的成吉思汗十分满意，因为他需要的是忠诚之士，而不是"心怀二心"的"贰臣"。平日，成吉思汗最讨厌的就是那些背主忘恩、不讲忠义的人。耶律楚材表示出的这种忠君思想，正是成吉思汗要大力提倡的。眼前的这个上知天文、下知地理的饱学之士，身材魁梧，胡须拂胸，说话口气庄重有力，令人肃然起敬。从此以后，他们两人常在一起谈今论古，谈天说地，成吉思汗每次出征都把耶律楚材带在身边。耶律楚材终于在风云变幻的年代里，找到了一个施展才干的机会。后来，他有一首诗讲到这件事：

“圣主得中原，明诏求王佐，胡然北海游，不得南阳卧。”（耶律楚材：《湛然居士集》）

由于他知识丰富，成吉思汗每有咨询，无不知晓；令他占卜预测，尤为奇验。

其实，耶律楚材之所以为成吉思汗所器重，最主要的原因是他胸有韬略又深谙星历卜筮之术。耶律楚材凭借着对形势的判断和看星相、卜卦来测吉凶，比较灵验，因此，很受成吉思汗的信任。成吉思汗对耶律楚材很亲热，从不直呼其名，而喊他“吾图撒合里”，意思是“长髯者”，长胡须的男子汉，正是汉语中的“美髯公”之意。成吉思汗得到耶律楚材之后，如鱼得水，整日形影不离地与他在一起座谈经国大计，甚为投契，两人似乎有说不完的话，无论大汗有什么不解的问题，耶律楚材都能滔滔不绝、口若悬河般地回答，深入浅出地让他明白。成吉思汗从耶律楚材身上接触到了中原传统文化，逐渐了解到了中原文明。这一成吉思汗求贤的故事对元代帝国的命运产生了重大影响，特别是对元代军事和政治产生了极大的影响。

耶律楚材以“身长八尺，美髯宏声”博得成吉思汗的喜爱，将其任命为辅臣。但他来蒙军中没有半点军功，且又是新来归顺，想在以武力取天下的蒙古王朝得到诸军事贵族的信任，谈何容易。蒙军中有个十分善于造弓的人名叫常八斤，此人仗着成吉思汗的赏识非常矜骄。有一次他毫不客气地当着耶律楚材的面对成吉思汗说："耶律楚材不懂打仗之事，现如今正是用武的时候，这一介儒生有何用？"耶律楚材听了，反笑道："治弓尚且须用治弓匠，难道治天下就不须用治天下匠吗？"成吉思汗听后很受启发，从此对耶律楚材更加器重，曾命耶律楚材制定蒙古国的重要典章制度。成吉思汗曾对窝阔台说："此人天赐我家，尔后国君庶政，当悉委之。"(《元史·列传第三十三》) 可见，成吉思汗非常赏识耶律楚材的才华。这真是一个幸运的选择，元太祖十四年（1219），耶律楚材随成吉思汗西征，常晓以征伐、治国、安民之道，屡建奇功。

有关"长髯人"的称呼，民间也流传着很多故事，如"长髯人山头献大计"。据记载，成吉思汗西征时，有两人常伴其左右，凡事皆询问二人，其一是全真教主、长春真人丘处机，另一位就是这位"美髯垂胸"的耶律楚材。二人虽无官职在身，又不是蒙古亲贵，但深得成吉思汗的信任和器重。

后来，耶律楚材深知大汗正在酝酿西征南下方略，因此他也曾为此深思熟虑，拟定了一整套分析当前形势以及如何行动的对策。他说道："当今天下大势，西夏新亡，金宋积弱，臣愚以为，取天下以力，治国家以仁，

丘处机像

得仁者昌，肆暴者亡，此古今之至理也。昔秦始皇用诈力而一统天下，立国以后，仍以对敌之术御民，残毒侵扰，民无宁日，以致不及三世，国祚断绝。汉高祖以及文景诸帝，宽刑薄赋，与民休息，重本抑末，锄强扶弱，于是民以殷盛，国以富强。成败之分，殷鉴不远。故臣以为平叛乱当用武力，对已降宜施恩抚。至于治国安邦，则宜敕立儒学，广施仁政，授经书以教化万民，劝农牧以富足众庶，如此则不须时日，天下必安定富足矣。”(《元史·耶律楚材传》)成吉思汗听后，十分满意，高兴地说道：“我之有吾图撒合里，犹鱼之有水也！”以后成吉思汗的许多用兵治国的重大措施，都是以耶律楚材的上述对策为依据。

元太祖十四年到二十年（1219—1225)，是成吉思汗进行西征的时期。在整个战争过程中，耶律楚材一直跟随在成吉思汗的身边。这一时期，耶律楚材的主要工作和贡献有以下几点。

一是任必阇赤，掌管文书。当时元朝刚刚建立，很多规章制度正在逐渐完善，再加上战争不断，有很多书文要处理，又涉及多种不同语言，大约有蒙文、汉文，分别由怯烈哥和耶律楚材主管。由于当时蒙古贵族尚武轻文，大多不识字，因而必阇赤们便可以“以权谋私”，按照自己的意愿处理问题。当时不少中原的官僚地主都挖空心思巴结耶律楚材，期望通过他巴结成吉思汗，谋求私利。为人正直的耶律楚材知道什么事该做，什么事不该做，为蒙古军的作战和元朝的建立日夜操劳，鞠躬尽瘁。

二是实行屯田。在每次征战后，耶律楚材都会选择在土地肥沃、灌溉便利、交通较好的地区筹划开垦屯田，力图恢复发展后方的社会经济、巩固新生的元朝政权。

三是在司天台担任春官。耶律楚材擅律历星象之术，利用自身的才能为成吉思汗服务。在当时，整个社会的科学文化水平不高，甚至非常迷信，对天文、历法、星象等知识一概不知。每次准备出兵打仗，都会让耶律楚材事先预卜吉凶，以鼓舞军心。元太祖十四年（1219）六月，成吉思汗出兵征讨那天忽逢瓢泼大雨，耶律楚材说这是好兆头，这才打消了大家的疑虑。元太祖十七年（1222）的八月，一颗彗星横在空中，耶律楚材说：“金宣宗快死了。”后果真如此，当然这极可能是巧合。虽然如此，但有一些事能证明耶律楚材确有科学方面的才能。元太祖十五年（1220），耶律楚材预测五月十五日

司天台

夜不会有月食，而次年十月会有月食，两次都证明耶律楚材是正确的。耶律楚材著《庚午元历》一书，上奏颁行，从此东西数千里，天象不差，对军事、生产和生活都有好处，此贡献应受到肯定。

一直以来，成吉思汗西征的目的就是开疆拓土，夺取财富，对耶律楚材提出的很多建议不能完全施行，因而耶律楚材的才华并没有得到充分施展。本想投笔从戎干一番事业，但现实的生活并不如预想的那么称心，多少让耶律楚材心生落寞之感，这在他的诸多诗文中能够看出来，如“醉里莫知身似蝶，梦中不觉我为鱼”，“十年潦倒功何在，三径荒凉翠已寒”（耶律楚材《湛然居士集》)。很明显，耶律楚材对自己未能做出更大的贡献十分失意。

3. 经邦治国

元太祖二十三年（1228），窝阔台接替成吉思汗继任大汗位。耶律楚材由此受到重用，才能得以施展，因此元代的政治制度和统治方式发生了较大改变，也因为连年的征战减少，元朝的社会面貌开始发生较大的变化。

元初实行军政合一制度，只有统率军队的武官，没有治理政事的文官，对攻下的城镇也不派兵把守，治理较为混乱。中原被蒙古军占领后，大多数北方汉族地主和金朝官吏投降，蒙元统治者便用金朝原来的官职封赏他们。耶律楚材为此提出建议："地方上应设置官吏统治老百姓，另设万户总管军队，使军政互相遏制，防止独断专行。"窝阔台接受了他的建议。同时为了加强中央对地方的控制，窝阔台还接受了耶律楚材在中央设立最高行政机构中书省的建议，耶律楚材被任命为中书令（宰相）。

他还利用国家机器统治社会。蒙古统治集团习惯于原来的做法，没有意识到间接统治的功劳。譬如，起初他们只会掠夺财富，而不知道运用国家的权力网罗聚敛财富。因为成吉思汗年年征战，顾不上经理中原，官吏们个个贪污巨额财富，而国库空虚得却是"无斗粟尺帛"。

有些守旧的蒙古贵族希望以过去蒙古的统治方式统治中原，他们认为汉人没什么用处，建议将汉人统统赶走，让田地长出草,然后去放牧。耶律楚材却对窝阔台说:“大汗即将要出兵进攻金朝，少不了要一大笔资金作为军需之用，如果定下中原的地税、商税，加上盐、酒、铁冶、土产等项收入，每年可得银 50 万两，帛 8 万匹，粟 40 余万石，足足可以供应军需，怎么能说汉人对国家没有用呢？”窝阔台便让耶律楚材代替自己做这件事。没过多久，“十路征收课税”便使国库充盈。窝阔台十分欢喜，对耶律楚材大为赞赏。他还常常向窝阔台讲述“天下虽得之马上，不可以马上治之”的道理，并且开了国朝之用“文臣”儒者的先例。行汉法，用汉人，儒术对统治者来说很有效。比如“儒术攻城”。金朝即将灭亡，但就是有二十几个州久攻不下,耶律楚材向窝阔台建议，若是答应不杀他们，城便不攻自破。果然，诏令一下，这二十几个州都开门归顺元朝。

再如，成吉思汗时期采用分封采邑制来统治各占领地区。窝阔台灭金以后，仍按照成吉思汗时期的分封制度把占领的中原地区和民户分给诸王和功臣。耶律楚材提出反对意见，他说：“裂土分民很容易引起彼此之间诸多的矛盾和不满。不如将金帛多送一些给诸王功臣，千万不可将掌管的大权交给他们。”但当时窝阔台已经分封了诸王和功臣，于是耶律楚材又建议说：“那就得由朝廷设置官吏来征收分给他们州县的赋税，年终分一点金帛给他们，切勿让他们自行征税。”于是就制定了“五户比丝”制（每五户缴纳一斤丝），分一点“五户丝”给有封地的贵族，朝廷收回征税权。

他还特别注意保存人口。进攻金朝京城汴京时，因城墙太厚，久攻不下，反而折损了不少兵马，大将速不台很是恼怒，便向窝阔台报告：“等城攻破的时候，我要把全城的男女统统杀光。”耶律楚材听后，对窝阔台说：“千万不可这么做，打仗这么些年，就是为了得到土地和人民，只是得到土地而没有人民，这又有什么用呢？手艺很巧的工匠，拥有财富的大户，都集中在汴京城里，全部杀了，能得到些什么呢？”在他的再三劝说下，窝阔台同意不屠城。当时住在汴京避难的人有 147 万，他们的生命被挽救了。从此，蒙古军队屠城的事渐渐减少了。

耶律楚材担任中书令以后，积极恢复文治，逐步实施“以儒治国”的方案。他在政治、经济、文化各方面殚精竭虑，创举颇多。主要有保护农业，实行封建赋税制度；改革政治体制，提拔重用儒臣；反对屠杀无辜，保护百姓生命；禁止掠民为驱，实现编户制度；反对扑买课税，禁止以权谋私；主张尊孔重教，倡导以儒治国，等等。

耶律楚材常常劝说窝阔台按照孔子和孟子的方法治

察哈台像

理国家。于是，窝阔台命他选儒生任官员，请有名的儒生给太子和大臣的子孙们讲授儒学。有一次，有做官的儒生犯了事，窝阔台对耶律楚材说遵守孔孟之道的儒生也犯罪了，这孔孟之道哪里有那么好。耶律楚材听后，说："三纲五常是圣人的教导，要治理国家就得遵循它。难道因为有一两片云彩遮挡了太阳，我们就不要太阳了吗？一两个人的过失并不能使万世遵循的孔孟之道废弃，不是吗？"这一番话让窝阔台哑口无言。蒙古族贵族之间虽有尊卑，但不像中原地区那样有严格的君臣之别。窝阔台继任大汗后，耶律楚材对察哈台说："在辈分上，你虽为大汗之兄，但在地位上，你是臣，应当对大汗行跪拜礼。你若带头行礼，便没有人敢不拜了。"察哈台领着全家和各级掌管向窝阔台行跪拜礼。由此，"下拜礼"便在蒙古国开始盛行。

元初，道教曾经也大兴其时。有一天，两个道士为了争当第一，其中一人勾结宦官和翻译，将对方两个人私自捉拿虐杀。耶律楚材审理这件案子，宦官告刁状，窝阔台将耶律楚材拿下了，后来又后悔，让人放了他。楚材不肯，他说："我是辅弼重臣，您当初捉我是因为我有罪；现在放我，应当向百官宣布，我是无罪的。怎么能如此轻易、反复，如同戏弄小孩子一样。这样，国家有大事，该怎么办？"在场的人大惊失色。窝阔台反复安慰他，他趁势上《时务十策》：信赏罚、正名分、给俸禄、封功臣、考殿最、均科差、汰工匠、务农桑、定土共、制漕运。大汗答应了。尽管他对窝阔台登基起了至关重要的作用，《元史本传》说是他劝服了察哈台领头拜新君，有些书中说是他劝服了托雷支持窝阔台，然而，现在发生这么一点小事就把他拿下了，可见他在当时处境也没有什么保障。他死后，有人告状说他在位太久，天下的贡赋大半进了他家。当时主政的皇后，窝阔台的妻子乃马真后还派人去侦察，结果发现他家里只有些乐器、书画金石和遗文数千卷。派人去侦察，从另一个角度而言，说明了元统治者的昏聩、儿戏般的轻率和对耶律楚材的不信任。

耶律楚材做的事多得不可描述，这几件仅仅是选取了他在当初汉化路上的大致内容和艰难历程的片段。在蒙古贵族尚且朝夕祸福的环境中，他能够成为三朝老臣，有惊无险地寿终正寝，说明他是有着高超的驾驭政治这门艺术的水平和能力的，他是"相"而不仅仅是一个"士"，是一个政治家型的知识分子。元统治者全面采用汉族原有的封建统治方式，那是忽必烈做皇帝时候的事。

4. 一代大儒

耶律楚材不愧为“治天下匠”，为元朝的发展做出了重要贡献。但是，太宗十三年（1241）窝阔台去世以后，他的妻子乃马真氏监国，耶律楚材就不再被重用了。乃马真氏监国第三年（1244），蒙古大汗国一代贤相、开国元勋耶律楚材病逝于蒙古高原，他辅佐成吉思汗和窝阔台治理国家26年。朝廷为纪念这位对元朝做出巨大贡献的杰出人物，特意在京都西郊瓮山一带为耶律楚材专设祠堂，以示隆重。为什么会选择这个地方来安葬耶律楚材呢？原来这里面还流传一个昆明湖的故事。

据说，辽、金时代的瓮山只是个小山丘，什么也没有，只有山顶上有座庙，庙里住着一位谁都不知道多大年纪的神秘老僧。

当时，成吉思汗打到了当时的北京，驻扎在海淀一带。一天，成吉思汗带大臣到西山狩猎，耶律楚材一眼就看中了瓮山，并请成吉思汗驻扎在了瓮山脚下。随后，成吉思汗带着一行人来到山顶的庙内。庙里的老和尚见到来人只是打个问讯，就站到一旁不说话了。成吉思汗问他多大年纪，他说耳聋，问他这山是什么山，他仍旧说耳聋。成吉思汗气得拔出腰中的宝剑就要斩杀老和尚，耶律楚材急忙劝阻，用眼神暗示成吉思汗，此僧不可杀。下山后，成吉思汗派人把整个瓮山围得密不透风，君臣们就在离小庙不远的地方驻扎下来。

到了夜晚三更天了，成吉思汗与耶律楚材仍在谈天，这时一个小校进帐篷禀报，庙里的老和尚此时还未安歇，怀里抱着一个小石瓮，嘴里不停地叨念着，还一边流泪，不明原因。耶律楚材让小校继续监视，有什么新情况，速速禀报。那小校走后没多久，刚刚睡下的君臣突听得一声巨响，赶忙起床查看情况。此时，刚才那小校又来禀告，一脸惊慌，半天才解释清楚：原来五更天的时候，那老僧抱着石瓮，跌跌撞撞地出了小庙的门，十几个兵丁都没能拦住，他三两步就跑到山崖边，纵身一跃，人和石瓮一起飞了起来，等落地后，只听得一声巨响就不见了踪迹，山脚下却突然涌出一道滚滚的清泉。成吉思汗和耶律楚材听闻如此，赶快去山下查看情况，果如那小校所说，原来那一块平地转眼变成了一片汪洋。成吉思汗十分高兴，立刻命人在这里修建宫殿，这个湖就被称作瓮山泊（今昆明湖）了。

耶律楚材心里清楚，瓮山是金山，那石瓮是个宝贝，那老僧就是财神转世。成吉思汗刚到北京，国库空虚，耶律楚材本想把石瓮献给成吉思汗，借机立功。但那老僧死活不买他的账，赶在他之前将一瓮盖世的珍宝全都倒在瓮山之下，化为滚滚清流。

到后来，耶律楚材病危之时，还请求将其安葬瓮山泊旁。窝阔台应允了，后来他死后被埋在瓮山泊旁。

我们从《元史》和《元诗》中可以感受到耶律楚材在政权更替的元初的幸运和不可或缺，他是历史上少数投降而未蒙受骂名的人物。客观上是因为他在历史上的贡献，使后人只恨像他这样的“文明帝师”实在太少了。曾经与耶律楚材共事的宋子贞说他所提的建议能够实施者，“十不能三”，但是即使这样，天下人已经普遍受他的恩泽了，倘若没有他，或许历史会重写，因为那个年代是重新确立社会关系的大变化的年代，而且南北政治文化不同，主理朝廷的人语言不通，趋向不同，耶律楚材能够以其本身的影响和职权护卫天道，振兴纲纪，抚

瓮山泊

恤百姓，奋袂直前，力行不顾，以一个深受儒家思想影响的帝师，为推进元代文明进程和社会政治经济发展做出了不朽的贡献。

延伸阅读

元代的运河漕运

元王朝建都北京，京师人口众多，消费力量巨大，而粮食补给全仰给于江南，这是唐宋以来，元代所不能接受的事实。而且京师离江南很远，怎样取给于东南呢？这就有赖于漕运了。

《元史·河渠志》说，元代开国之后，“内立都水监，外设各处河渠司，以兴举水利修理河堤为务。决双塔、白浮诸水为通惠河，以济漕运，而京师无转饷之劳；导浑河，疏滦水，而武清平滦无垫溺之虞；浚冶河，障滹沱，而真定免决啮之患。开会通河于临清，以通南北之货，疏陕西之三白，以溉关中之田……当时之善言水利如太史郭守敬等，盖亦未尝无其人。一代事功，所以为不可泯”。这段话，概括地介绍了元代的水利事业与航运事业，并无夸饰。

辽金时期，大运河北段（黄河以北至通州段）淤塞，到了元代，逐段进行了疏浚，并开凿了新水道。通惠河是最早开通的。

元世祖至元二十八年（1291），都水监郭守敬提议：从昌平县白浮村引山泉西转南下，沿途汇集它水，自西门入都城，形成积水潭，再引向东南，出城后东至通州高丽庄，与大运河接通，总长 82 千米，中设水门 20 处，节制水流，“以通漕运”。此建议获得批准，至元二十九年（1292）春开工，次年秋季完工。渠成，“船既通行，公私两便”。在此以前，通州到大都 50 里地，年年陆运税粮若干万石，百姓不堪劳瘁，从此获得缓解，人人高兴。其后在成宗、武宗时期，国家又添设运河管理人员，一面整治河床，修缮水闸，一面巡察船户奸非，制止沿河大户截流取水灌田等，保证了元代这段运河的畅通。

元朝廷十分重视从通州经河西务、杨村务到天津这一段运河，因为它对京师的供应十分重要。不仅承运大运河漕运粮储、南来百货，而且要承运从直沽海口通过海漕运来的粮储百货。一旦有出现水浅堵塞等情况，京师物价立即飞涨，因此京师一直派人监视修浚疏理，“使官民舟楫直达都邑，利国便民”。

有一段“御河”（当时的称呼）是指从河南卫州黄河北岸经大名府、河间府至天津府的运河段，这一段运河土质疏松，河道容易淤塞，而沧州上下，河道又高于

御河

两旁地面，时刻有决口的危险。有一段时期，官府对此河防不管不问，以致有人从大堤取土，使堤坎亏缩，还有人从堤下凿井，引运河水灌溉园圃，种种原因引发了一次又一次的水灾。再加上两岸居民大户与地方官各自为利，以邻为壑，使得灾情雪上加霜。为着运河漕运的利益，元朝廷多次派人治理，未找到关键的解决之道，因此也没有让御河名副其实地畅通。

御河的最南端到淇口（今河南浚县西南），与黄河还隔着一段距离。因此，南方沿运河而来的船只行至今开封西南的中滦时，便不能前进，只得改为陆运车船上下，不仅耽误时间，还耗费大量人力物力。为了方便航运，有人建议把隋唐以来的大运河中段裁直，在今山东境内须城至临清之间开通新水道，会通河因此修成。为了节制水流，又建筑了31座规模很大的水闸，会通镇的头闸长100尺，宽80尺，能通行载重12000公斤以上的大船。

为了让江南漕船能直接从淮安顺利进入新修的会通河，又新修了济州河，将汶水、泗水与大运河联通起来。有了济州河的联通，南来的船只便可以顺利地依次通过济州河、会通河进入御河、通惠河直达京师了。于是有钱的豪门大户，便造大船只，不顾国家关于运河中只许航行约50吨的大船的规定，造出承重一二百吨的大船来。这种大船进入北方水道，一旦运转不灵，很容易堵塞河道。于是元政府在几个重要河口限制船的宽度，从而限制船的装载量。但是那些豪门大户不造宽船，改为狭长条的船，照样可以承重100吨左右，有的船长100来尺，最大载重量达200吨，比之前更加疯狂。于是元朝廷又在闸前立石，限制船的长度，不许超过65尺长……但是一些强横无礼的人仍然逼着管闸人员随时开闸放行，无视规章，破坏管理，抢道先行，留下小民船只遭殃，也让国家受害。

大运河从淮安起向南的古邗沟段（隋代的直渎渠）以及长江以南的“江南河”段，疏浚较好，来往船只都能顺利通行，元朝廷没有耗费太多功夫。

至此，从大都经天津到济宁、徐州，再到扬州、杭州的新的南北大运河修治疏通了，它成了元代最重要的内河交通线，每年都有几十万石的漕粮经过这条河。大发其财的是各地的商人，他们把川、蜀、荆、吴、闽、广的米、粮、竹、木与百货，运集扬州，再北运京师。诸番土贡也往往由此路北上。因此，这也就满足了元朝廷和京师人民的需要。另外，运河的流通促进了运河沿边的发展，兴起了一大批新都会，不仅工商业很发达，而且文化生活也很活跃，促进了我国东部地区的迅速发展。

作为大运河的支续线、联通线、并行线，除上述工程外，还有一些其他的工程。例如，在山东半岛上，元代曾修过胶莱运河，把胶州湾与莱州湾直接联通起来，只是因为地层情况复杂，地下岩石坚硬，当时技术条件不足，不能深挖，通漕有限，没有发挥预期的作用。

在开通会通河之前，由淮入黄的船，为了缩减由淮阴至开封中滦的一段迂回水程，避开从中滦到浚县的那段不便的陆运线，便从济州河进入大清河，从利津进入渤海，经海道到天津直沽港。这条内河与海运相连的水道，大致相当于陆上会通河加御河的水运线的作用。但是在大清河入海口很容易发生沙淤，久治不得，所以这段水路并未发挥预期的作用。不过，这也说明了元代的人为了充分利用水道运输，确实付出了巨大智慧和艰辛的劳动。

元代的北洋海漕

北洋漕运是元代国内航运活动中的重大事件。北洋，泛指长江口以北的东海、黄海和渤海水域。通过海道运输粮食，可追溯至秦代之“输将（指粮食等类物资）起海上而来”；其后汉武帝、隋炀帝、唐太宗等征战辽东与高丽时，所需军粮亦多由登州、莱州或长江下游入海而运至河北及辽东。然而，其时海漕规模小，运输次数少，多系战时应变部署。真正大规模地海运漕粮则始于元代。元代北洋漕运的出现绝非偶然，而是有其深刻的时代动因的。

政治重心与经济重心的严重分离，使南粮北调成为元朝廷的当务之急。中国历史上的经济重心，从隋唐以后，便开始南移。两宋时期，统治者偏安江南，南方经济得到迅速发展。到了元代，元世祖定都大都，政治军事中心设在北方。但北方因屡遭战祸，田园荒芜，粮帛枯竭。元世祖忽必烈虽颁布了一些农桑的法令，使北方经济有所复苏，但是要满足政权中心地区庞大的粮食开支，仍属难事。而南方经济因受兵火较轻，依然保持上升势头。因此，元朝廷要巩固统治，就必须依赖富庶的江南，尽快实施大规模的南粮北调，将政治重心与经济重心联系起来。

原有的耗时费工的内河漕运已无法满足大规模运输的需要，通过海洋运输漕粮成为大势所趋。元朝一年要征收粮食 1200 余万石，其中将近 1000 万石出自南方。组织这种工程量巨大的南粮北调，对元朝廷来说是一个极为沉重的负担。元初曾一度因循前代的内河漕运，“自浙西涉江入淮，由黄河逆水至中滦（今河南省封丘县）旱站，陆运至淇门（今河南省汲县），入御河（今卫河），以达于京”(《元史·食货志一·海运》)。但此线水陆辗转，劳役很大，且运量有限，很不实用。由此，元朝廷决定另辟蹊径，采取两个对策：一是在原运河基础上“广开新河”，先是“开济州泗河，自淮至新开河，由大清河至利津，河入海”，但“因海口沙壅，又从东阿旱站运至临清，入御河”，此后“又开胶、莱河道通海”，然终因“劳费不赀，卒无成效”；二是弃河图海，进行大规模的北洋漕运。至元十九年(1282),元丞相伯颜追忆“平江南时，尝命张瑄、朱清等，以宋库藏图籍，自崇明州从海道载入京师”(《国学经典》卷 93 第 42《志》) 之事，“以为海运可行，于是请于朝廷，命上海总管罗璧、朱清、张瑄等，造平底海船 60 艘，运粮海船 60 艘，运粮 4.6 万余石，从海道至京师”(《国学经典》卷 93 第 42《志》)。从此，海漕渐渐取代河漕，终元不废。“京师”“内外官府，大小吏士，至于细民，无不仰给于此”(《国学经典》卷 93 第 42《志》),北洋漕运成为元朝历代朝廷的重要政务。

伯颜像

北洋漕运航路自朱清、张瑄首航开辟后，并非一成不变。相反，它在元代航海者的长期实践与顽强探索中，得到了一次又一次的重大改进而渐臻成熟。

至元“十九年（1282）十二月，始海运”（《元史纪事本末》卷 12）。其航路是：“自平江刘家港（今江苏省太仓市浏河镇）入海，经扬州路通州海门县黄连沙头（今江苏省启东市东部海中）、万里长滩（上二处在今江苏省海门市东南，现已与长江三角洲涨连）开洋，沿山澳而行，抵淮安路盐城县，历西梅州、海宁府东海县（今江苏省东海县、连云港附近）、密州（今山东省诸城市）、胶州（今山东省胶州市），放灵山洋（今青岛以南灵山湾）投东北。路多浅沙，行月余始抵成山。”“转过成山，西望行使（驶），到九皋岛、刘公岛、诸高山、刘家洼、登州沙门岛，开放莱州大洋（今莱州湾），收进界河（今海河）”（《海道经》），至直沽杨村（今天津市武清区）码头泊定。

这条航路，辟自冬季，一路顶风顶水，“潮长行船，潮落抛泊”，从刘家港启程至淮水海口即费掉“半月或一月余”，全程“经过地名、山川，径直多少迂回，计一万三千三百五十里”，耗时“两个月余才抵直沽。委实水路艰难，深为繁重”(《海道经》)。此航线出长江后向西北沿岸航行，浅滩、暗礁众多，行路十分危险，沉舟损粮，在所难免。据漕运资料统计，至元十九年（1282）第一次运量为4.6万余石，事故损失粮食将近4000石；而至元二十八年（1291）起运量为150余万石，事故损失竟高达24.5635万石，相当于16%的船粮葬身海洋。这样惊人的海损与如此漫长的航期，显然是元朝统治阶级为之忧虑的。于是，改进北洋漕运航路到了刻不容缓的地步。

至元二十九年（1292），朱清、张瑄等建言“此路险恶、踏开生路”(《大元海运记》卷下)，并于当年夏季即付诸实践。该次航行的具体走向是：“自刘家港开洋，遇东南风急，一日可至撑脚沙（今江苏省太仓市西的撑角浦）”，因“彼有浅沙，日行夜泊，守伺西南便风，转过沙嘴（今太仓浏河镇南北甘草沙一带）”。然后，“一日到于三沙洋子江。再过西南，风色一日，至区担沙（今崇明岛北），大洪抛泊；来潮探洪行驶，一日可过万里长滩”，直至海水“透深”，才转向东北“开放大洋”。“先得西南顺风一昼夜约行一千余里，到青水洋”，再“得值东南风，三昼夜过黑水洋，望见沿津岛（又称延真岛）大山，再得东南风，一日夜可至成山”。继而，掉樯西行，

“一日夜至刘岛（今刘公岛），又一日夜至芝罘岛，再一日夜至沙门岛”。然后，“守得东南便风，可放莱州大洋，三日三夜方到界河口”（《大元海运记》卷下）。最后，至直沽靠岸。

这条航路，较之前期航路已有若干重要改进。首先，航行时节已由冬季改至夏季，故而一路可借西南向或东南向的季风，使船期大为缩短，如前后俱系便风，“径直水程，约半月可达”。其次，此条航线离开海岸稍远，由万里长滩直驶青水洋，避开了江苏与山东沿岸的浅险区域，安全度有所提高。据漕运资料，此条航线通航当年，事故损失粮食与起运粮的比重，已由上一年的16%降至3%，收效甚为明显。然而此条航线仍有相当的不足，如遇“风水不便，迂回盘折，或至一月、四十日之上，方能到彼”，而倘若正值“非常风阻”，则“难度程限”（《新元史》卷78）。因此，在至元三十年（1293）又对航路作了调整，其走向是：“粮船自刘家港开洋，过黄连沙，转西行使至胶西，投东北，取成山。”（《永乐大典残卷》）但这第二次改进航路，在航期上并不优越，且因近岸水程增长，航行危险反倒增加，因此，“亦为不便”。这样，寻找一条既安全又便捷的北洋漕运航路，便再次提上议事日程。

至元三十年（1293），海运千户殷明略继而受委，“踏开生路”。他指领船队，“自刘家港开洋，至崇明州三沙放洋，望东行使（驶）入黑水大洋，取成山，转西至刘家岛，聚粽取薪水毕，到登州沙门岛，于莱州大洋入界河”（《大元海运记》卷下）。

刘家港

殷明略的新航路比以前有了很大改进。从崇明三沙出海，向东驶黑水洋，并直取成山，整个航路全在远离海岸的黄海水域进行，完全避开了近岸浅险水域，给航行安全与元朝统治阶级带来了重大的帮助。比如，至元三十一年（1294）的起运量为51.4万石，因事故损失粮为1100石，约占起运量的2%，与北洋漕运开辟期16%的损失相比已经有极大的进步。在这条航线区内，一年到头都流着东北走向的黑潮暖流，其流速平均达1节（每小时1海里），在盛行偏南风时，最高可达2节以上。一般情况下，漕运会在四五月启程，海船从黑水洋向北驶向成山，顺风顺水，大大地提高了船速。

殷明略新航路能够开辟成功是与元代广大航海者的

奉献分不开的，标志着当时北洋漕运航路的日益成熟。它不但增加了元代北洋漕运次数，由原来的一年一运变为一年两运，还对以后的北洋航行提供了较为理想的航道与模式，其影响尤其深远。

除了上述主要航路外，在元代漕运中尚有从其他港口驶达直沽的航路。一条是“就定海港只放洋，径赴直沽交卸”；另一条是从嘉兴的澉浦（今浙江省海盐县西南杭州湾北岸，元时该地通海，今湮塞）启程，直达京师。这两条航路的大部分走向，仍是沿袭殷明略航路，换言之，它们仅是殷明略航路的派生产物而已。

北洋漕运的船队规模相当庞大。初辟时，仅为“平底船六十艘运粮四万六千石”，后因运粮数剧增，运船数也扶摇直上。如延祐元年（1314），“浙江平江路刘家港开洋一千六百五十三只，浙东庆元路烈港开洋一百四十七只”。天顺元年（1328），“用船总计一千八百只”。这说明元代漕运海船不但数量巨大，而且航行集中（《大元海运记》卷下）。

当时漕运海船的船型，基本上是遮洋船以及钻风船。遮洋船，又称遮洋浅船，是一种方头、方艄、平底、多桅的沙船型海舶，而钻风船则是一种次于遮洋船，载重约为 400 石的小型平底浅船。这两类船舶在沙多、滩浅的北洋行动颇佳，亦便于直入江河，对于江海联运非常合适。初期，漕运海船的体势较小，载重能力约为 800 石。

其后，随着运粮数增加及航船变迁而日趋大型化。据称，延祐年间（1314—1320），所“造海船，大者八九千石，小者二千余石”，其运输实力相当雄厚。

海漕船队的经营，主要采用征租民船与官督私运的措施。每年制定出春夏两季的漕运额后，即依据税赋粮的存放点及现有船只的情况，召雇各地民间船户承运。由于海运艰险，为宽恤船户，刺激漕运，政府规定，对所雇船家每户给 5 口家属粮，免去差役；并规定船户运粮千石者，可减苗粮 40 石。同时，还按运粮的品种、多少与水程远近，每石支付一定的“脚价钞”（运输费）。

为了组织和管理大规模的北洋漕运，元朝建立了相应的体制。

在政府方面，由户部管辖相应机构，管理漕运事宜。至元二十年（1283），置“海道运粮万户府”，“掌每岁海道运粮供给大都”。当时，“立万户府二，以朱清为中万户，张瑄为千户，忙兀䚟为万户府达鲁花赤”。至元二十四年（1287），“始立行泉府司，专掌海运。增置万户府二，总为四府”。至元二十五年（1288），“内外分置漕运司二。其在外者于河西务置司，领接运海道粮事”。至元二十八年（1291），“又用朱清、张瑄之请，并四府为都漕运万户府二，止令清、瑄二人掌之。其属有千户、百户等官，分为各翼，以督岁运”。同时，政府还屡调军卒镇守海口、看守仓库、护航粮船，并时常遣户部与兵部的要员大吏亲自处理监督与调处海漕事宜（《元史·志第四十一、四十二》）。

在船队方面，为保证由成百上千艘船只组成的大船队航行顺利与安全，建立了严格的编制。规定“每编船三十只为一纲”，组成规模较小的分船队，并有各自的纲名，如“济源”“陵州”之类，“每纲皆设押纲官二员”，“纲官以秩正八品为之”。还在每条船的首尾竖以白旗，旗上标明押运官的姓名，以负责该分船队的航务及其与总船队的联系。

为使各级漕运官员恪守本职，政府还建立了相应的奖惩制度。每年岁终，朝廷都要核查漕运完成情况。同时，在航运中，凡押粮军卒及纲运船户有扰乱船工正常航务者，除惩办本人外，还要治押运官以约束不严之罪。此外，对破损粮食，除人舟俱溺者外，均须押运官负责补偿，并于次年运粮额中扣除。然因当时海难在所难免，政府也规定了漕粮在运输装卸过程中的正常损耗率，凡从江南海运直沽每石许损耗 4 升，在直沽装卸时则不计损耗，而从直沽搬运至河西务的损耗率为每石 1 升 2 合。

在元代北洋漕运中，在前、中、后期出现了一批对航运组织、航路开辟与改进的有重要贡献的人物，他们主要是前期的朱清、张瑄，中期的殷明略与后期的张士诚。

1. 朱清、张瑄

“国初海运自朱张，百万楼船渡大洋”（元·张昱：《辇下曲》），“朱张”即南宋人朱清与张瑄。朱清，崇明人；张瑄，嘉定人。朱清幼年以捕鱼为生，张瑄幼年则当过乞丐。朱清曾雇用于杨姓大户，因不堪凌辱，怒杀杨氏而去。当时官府追捕甚急，他夺身亡命于海上，连续漂航 3 昼夜，直达山东半岛东北部之沙门岛，继而经常活动于北洋一带，“往来若风与鬼，踪迹不可得”。后来，他与张瑄结识，组织了一支民间武装船队，或贩私盐，或劫巨贾，使“富家以为苦”。在长期的北洋航运生涯中，朱清、张瑄摸索出一条“无虑十五六返”的“南北航道”，“此固径，且不逢浅角”（陶宗仪：《辍耕录》卷五，《朱张》），是较为安全与便捷的北洋航路。

此后，在元军攻宋时，得悉朱清、张瑄“备知海道曲折”，即“适议请事招抚”，并“以吏部侍郎左迁七资最下一等授之，令其部其徒属为防海义民，隶提刑节制水军”。元丞相伯颜攻克南宋首都临安后，即派遣朱清等“载宋库藏诸物从海道入京师，授金符千户”之职。当时，正是“挽漕东南供京师”之际，因“运河隘浅，不容大舟”，且水陆联运“转输艰而靡费重”，朱清、张瑄等即“建言漕事”，并于至元十九年（1282）“试之良便”，初辟告成。其后 10 年，他二人对北洋漕运航路进行了探索与改进，使漕运日趋兴旺。由此，他们得到了元朝政府的重视和赐封，“父子致位宰相，弟侄甥婿皆大官，田园宅馆遍天下，库藏仓庾相望，巨艘大舶帆交蕃夷中”，一时“累爵积资，气意自得”（《元史纪事本末》卷12），成为天下瞩目的权贵大海商。

由于朱清、张瑄在掌管北洋漕运的同时，直接插足朝廷之欲独揽的海外贸易，触犯了“凡权势之家，皆不得用己钱入番为贾”的禁令，因而遭到弹劾及贬黜。大德六年（1302），“江南僧石祖进，摭其不法十事上闻”；同时，“中书省亦言朱清、张瑄屡致人言，宜罢其职，徙其子孙官江南者于京，帝从之，仍诏御史台诘问，二人竟伏诛”【《元通鉴·成宗（一）》】。

2. 殷明略

《元史》中无传，在其他野史笔记中也鲜有记载，仅略陈于《大元海运记》。据述，殷明略是海运千户，秩正五品，地位并不显要，是一个中级海运官吏。然而，从航运史角度考察，殷明略对北洋航路所做的贡献，并不亚于首辟者朱清、张瑄二人。由他所开拓的从长江口直接东驶黑水洋，再折向北趋成山头的新航路，集中体现了我国元代航海者在长江口、东海、黄海区域进行航运活动时所拥有的气象、水文、地文、船艺的知识与技艺，因此可以毫不溢美地说，殷明略是元代伟大的北洋航海家，他的历史地位与航运功绩，应该得到重视。

3. 方国珍、张士诚

方国珍与张士诚都曾是元末农民起义中的一方领袖人物。方国珍出身佃农，因杀收租的地主而逃命于海上。（参见黄溥：《闲中古今录摘抄》）张士诚以海运贩盐为业，因“富家不给值”，遂率众反抗。他二人均具有丰富的航运经验。

张士诚像

至正八年（1348），方国珍在浙东起义，以庆元为根据地。至正十三年（1353），张士诚在苏北泰州起义，自称“诚王”，国号周，至正十六年（1356）攻占长江下游，南迁平江（今苏州），改称“吴王”。方国珍、张士诚起义军中，都有雄厚的水师，控制着东南沿海，使元朝北洋漕运受到严重威胁，“海运之舟不至京师”。为了分化、瓦解农民起义的力量，维持南粮北调的海上漕运，元末统治者以龙衣、御酒和高官厚禄，收买了方国珍与张士诚。“至正十九年（1359），遣伯颜帖木儿征海运于江浙，命张士诚输米，方国珍具舟”，当时方国珍、张士诚为保存各自实力而互相猜疑，“士诚虑方氏载其粟而不以输于京也，国珍恐张氏掣其舟而因乘虚以袭己也”，后经元政府“多方开谕”，才于次年（1360）五月自澉浦运粮进京，“得粟十有一万石”。其后3年间，方国珍、张士诚又先后3次海运，共将37万石粮食运抵直沽。到至正二十三年（1363）九月，元朝廷“又遣户部侍郎博罗帖木儿，监丞赛因不花往征海运”。张士诚见元朝大势已去，“托辞以拒命，由是东南之粟给京师者，遂止于是岁云”。至正二十七年（1367）九月，朱元璋率部攻破苏州，张士诚被俘后自缢身死，据守庆元、温、台一带的方国珍也遣使归降。他们所率的具有丰富航海阅历的众多水师，为郑和七下西洋奠定了坚实的人才基础，这是中国古代航运史上别具意义的一件事情（参见《元史》卷九七篇四十五《志》）。

反对华夷之辨的元初名儒——郝经

郝经（1223—1275），字伯常，原籍泽州陵川（今山西陵川），生于许州临颍城皋镇（今河南许昌），元初有名的儒学家。郝经年幼正值大金末年的兵荒马乱之时。金亡后迁居河北，虽家中清贫但敏而好学，被守帅张柔、贾辅延请为宾客，教育诸子，因此得以读两家藏书。曾经跟随赵复习程朱之学。元宪宗三年（1253），郝经以一番治国安民之道得到忽必烈的赏识，留王府重用，先后任昭文馆大学士、司徒等职，受封冀国公爵位。元宪宗九年（1259），随从忽必烈攻打鄂州，他建议忽必烈与贾似道议和，然后北返夺取汗位。元宪宗十年（中统元

郝经像

年，1260），郝经奉诏以翰林侍读学士充国信使出使宋国通好，不料被贾似道拘在真州长达16年之久。元至元十一年(1274)，在忽必烈起兵攻打南宋时，郝经才得以回国。在回国途中染病，回到大都不久便去世。郝经颇擅字画，有很多作品，收于《陵川集》中。

1. 忽必烈即汗位

宋开庆元年，即元宪宗九年（1259）二月，蒙哥汗领兵围攻南宋合州（今重庆市合川市东），遭到守城将领王坚率部顽强抵抗。七月，蒙军仍然没有攻克合州，这时候蒙哥汗突染疾病去世。

蒙哥汗之弟、漠南总管（军政长官）忽必烈正领兵奔赴鄂州，收到蒙哥汗去世的消息，不但没有领兵北撤，反而继续率军渡过长江，围攻鄂州。

右丞相兼枢密使贾似道被宋理宗赵昀派往汉阳，率兵援助鄂州守军。贾似道不敢与蒙古大军正面交锋，便率部移驻黄州（今湖北省黄冈市）。过了不久，蒙古大军大举进攻，贾似道十分惊恐。十二月己亥日，贾似道瞒着朝廷秘密派遣部下宋京去蒙古军营求和，忽必烈没有答应。

此时，忽必烈得知其胞弟阿里不哥在和林秘密策划即汗位，于是立即召集部将商讨对策。江淮荆湖等路（今长江中下游地区）副安抚使郝经极力建议忽必烈答应宋朝讲和，撤军回国，抢先即汗位。忽必烈接受建议，立即率部北撤。

贾似道见忽必烈率部北撤，为了隐瞒自己曾私自向蒙军求和的丑行，便趁机率军击败蒙军后卫部队。贾似道还向宋理宗谎报鄂州已经解围，想趁机邀功，并让人为其撰写《福华编》，以颂扬他解救鄂州的功绩。

忽必烈回国即汗位后，考虑到贾似道求和一事，心想既然两国已经停战，应该派使者去宋朝，通告他已经即位可汗，继续商讨进行和谈一事。

于是，忽必烈召集群臣商讨此事，派谁做使者，大臣们都心里清楚，蒙古军多年来对宋朝攻战不息，宋朝军民对蒙古的仇恨很深，任何一个蒙古使者出使宋朝，都可能面临险境。平章（丞相）王文统心胸狭窄，历来忌恨郝经的才能和声望，心存私心的他向忽必烈建议派郝经出使宋朝，实际上也是想除掉郝经。忽必烈没有察觉王文统这一图谋，而且他觉得郝经诚实可靠。于是接受其建议，任命郝经为翰林侍读学士、国信使，派他佩带金虎符率团出使南宋。

2. 出使宋朝

有人提醒郝经："王文统历来嫉恨你，此次推举你出使南宋，必定不怀好心，你还是借病推辞为好。"而郝经心怀百姓，南北开战，最受苦的是江淮地区的老百姓，坚持以自己的微贱之躯身入不测之地，并表示愿意以一人之命换取千万百姓的和平。

中统元年（1260）四月，郝经接受任命率使团出发。临行前，忽必烈特意为郝经饯行。

在此之前，王文统秘密指示济南守将李璮（王文统女婿），在郝经与宋朝大臣谈判时，率兵攻打南宋，企图借宋人之手除掉郝经。

当郝经使团经过济南时，李璮命人送信给郝经，要求他停止前进。郝经派人将李璮的信报告朝廷，继续前行。此后，李璮果真按王文统的指示领兵攻打淮安（今江苏省淮安市），但被击败。

七月，郝经使团到达宿州（今安徽省宿州市），派人先行与南宋朝廷联系，很久都没有结果，郝经只好亲自写信给南宋宰相贾似道和李庭芝。

李庭芝刚刚击败李璮的进攻，回信表示对郝经的和谈深表怀疑。贾似道之前背着朝廷向蒙古求和，此时正对自己的“战绩”夸夸其谈，生怕郝经的出使会暴露事情的真相，便传令让郝经一行南行，最后将他们软禁在真州（今江苏省仪征市）宋军忠勇营内。

宋理宗像

不明情况的郝经被囚禁后，多次给宋理宗写信，详细地叙述了两国和谈的重要性和交战的利害关系，要求宋理宗接见或者释放他们，但是郝经的信全都被贾似道扣压。宋理宗听说蒙古使臣已经来到宋朝，打算召见使臣，贾似道却借故阻止。为了以防万一，贾似道派人日夜严密监视郝经等人的住处，禁止外人接近，并指令无限期对郝经等人加以监禁。

3. 坚贞不屈

郝经是一个有气节的人，被贾似道囚禁后始终坚贞不屈。他常常作诗咏志，其诗写道：“燕南壮士江城客，孤馆无眠心已折”，“劝君且莫多叹嗟，家人恨杀生离别”（《后听角行》，见胡小伟主编《中华五千年名诗一万首》）。

“计拙仍持节，途穷拟问天。难为绕指铁，万折志弥坚。”（《新馆感春》，转引自李兴盛《中国流人史》）跟随郝经一起出使的人有些动摇，对郝经坚持不向南宋投降有些埋怨，郝经说：“既然已经身在南宋境内，我们的生死已经由他们决定了。我已经下定决心至死不辱使命。你们也要做好思想准备，经受住长期的囚禁考验，耐心等待自由的那一天。我观察，宋朝离灭亡不远了。”

郝经早年便浏览群书，知识渊博。为了使自己的学术思想留存后世，被囚禁期间郝经历经艰辛，终于撰写出《续后汉书》《易春秋外传》《太极演》《原古录》《通鉴书法》《玉衡贞观》等著作。

元朝至元十二年（1275），元世祖忽必烈命丞相伯颜率领大军南下，并派礼部尚书中都海牙和行枢密院都事郝庸（郝经之弟）等人出使南宋，就南宋长期扣押郝经一行人向南宋朝廷兴师问罪。在这种情况下，被贾似道囚禁 16 年之久的郝经一行人才重得到自由。

在郝经被囚禁释放后的同年，汴地的一只大雁被人射落，大雁腿上绑着一条帛带，上面有一首诗：“霜落风高恣所如，归期回首是春初。上林天子援弓缴，穷海累臣有帛书。”落款为：“至元五年九月一日放雁，获者勿杀，国信大使郝经书于真州忠勇军营新馆。”由此可见，郝经竟是如此忠于自己的国家，忠于自己的使命。

16 年的监禁生活，郝经的身体也每况愈下，回国后不久便因病去世，当时才 52 岁，元世祖忽必烈追授他谥号“文忠”。

延伸阅读

元朝的外交职官制度

蒙古族英雄成吉思汗横征中亚、欧洲后，灭金、灭夏，其孙忽必烈在中国建立了元朝。

忽必烈击败与他争夺汗位的阿里不哥后，重用汉法派，并把蒙古汗国的统治中心由和林迁到新建的燕京城。他改变了蒙古传统的贵族民主选汗制度，仿照汉人预立皇太子的办法，这表明蒙古已在政治体制上走向了封建专制。1271 年,他取《易经》中“大哉乾元”成语，正式改国号为“大元”，取意为“大的开始”，定都大都（今北京）。元朝建立后，又对南宋进行了 8 年征战，终于在 1279 年实现了中国历史上空前的大统一。元朝时，中国的疆域连“汉唐极盛之际有不及也”。《元史·地理志》记载元朝的四至:“北踰阴山，西极流沙，东尽辽左，南越海表。”至此，中国从唐末以来 300 多年的分裂状态（前有五代十国，后有辽宋金元四朝）宣告结束，中国真正成了多民族的统一国家。吐蕃、大理（唐时称南诏）、台湾、南海诸岛都正式成为中国元朝版图的一部分，不再是时归时离的藩属。

元朝建国后，沿宋、金之制逐步建立了中央和地方统治机构。对外决策方面，中书省、枢密院都是皇帝处理外事的幕僚府。中书省下有六部，左三部之一为礼部，后将吏部和礼部合并为吏礼部，再后又使六部独立（《历代职官表》卷5《吏部·元》）。元朝仿唐设九寺五监，但无鸿胪寺，另置会同馆，掌诸番朝贡之事。九寺五监从属于六部，会同馆则由礼部领之。“会同馆，秩从四品，掌接伴引见诸番蛮夷峒官之来朝贡者”。元贞元年

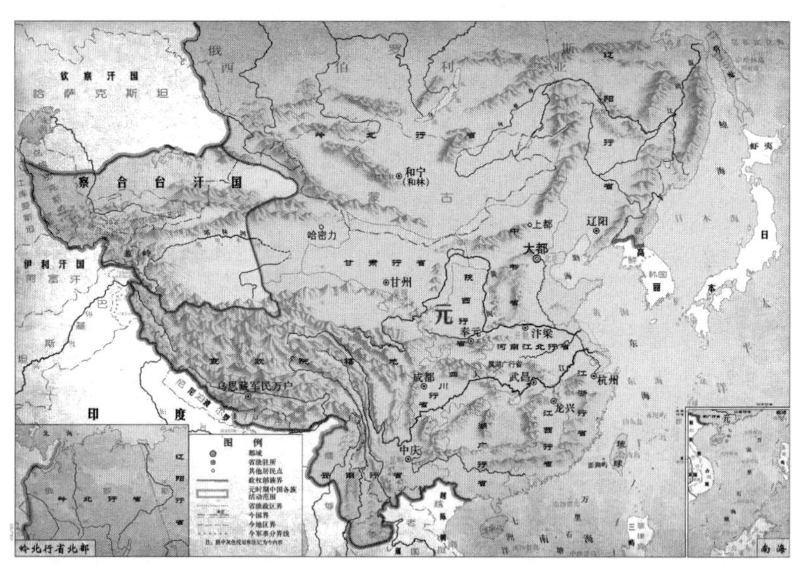

元朝地图

（1295），遂为定制。

元朝给吐蕃地方的自治权较多，因为元朝统治者崇信喇嘛教。元设宣政院，主管宗教事务，兼管吐蕃地方行政。宣政院有某些外事职能，如对外宗教交流等。

元仿金设宣徽院，但性质有区别。元宣徽院只掌元所封诸王之供应，“燕享宗戚宾客之事，及诸王宿卫”等。这里说的诸王，是与元朝廷并列的其余蒙古汗国。

元设通政院，掌管全国驿站。元朝时陆上交通无阻，元朝西部三汗国是元朝蒙古统治者的“兄弟之国”。元朝在包括边疆在内的全国各地建立完整的驿站制度，以保护国内消息的传递和中外往来的畅通。《元史·兵志》介绍了驿站的作用：“元制站赤者，驿传之译名也。盖以通达边情，布宣号令”，“四方往来之使，止则有馆舍，顿者有供帐，饥渴者有饮食，而梯航毕达，海宇会同，元之天下，视前代所以为极盛也”。意大利著名探险家马可·波罗在其游记里说这些驿站“陈设华丽，即使王侯在这样的馆驿下榻，也不会有失体面”，“为来到帝廷的专使和往来穿梭于各省和各王国之间的信差，提供了最大的方便”。这些都说明驿站起部分外事职能作用。在通政院下还设廪给司，“掌诸王、诸蕃，各省四方边远使客饮食供帐等事”。

元朝时中外交通盛况胜过唐朝。外国来华的使者、商人、探险家、旅游者甚众，尤其是中亚、西亚色目人。

各民族、各国家交流总存在语言不通的问题。元朝因署译史、通事官掌翻译、约文等外事工作。“译史、通事选识蒙古、回回文字，通译语（翻译官）正从七品流官，驻元任地方，杂职不预”。翻译隶属礼部。由此可知，元朝有职业翻译官员，其工作“不预”，有外宾来则当译员。高级译员的级别相当于县令一职（七品）。

元朝使节没有固定官员，也不由外事机构选派，而是朝廷直接派召。《元史·世祖本纪》载：至元十九年（1282）九月“招讨使杨庭坚招抚海外南蕃，皆遣使来贡……”招讨使（招谕使）便是元朝派出国外访问的外交使团团长。元朝不排外，外国能人来中国，元朝多将外交使命托于外人。马可·波罗就多次奉元朝之命出使海外，从而使马可·波罗能写出日本、安南、缅甸、印度，以及西亚、东非各地的见闻。有时，礼部尚书、郎中或会同馆使也作为特使派往国外。世祖中统元年（1260）十二月，礼部郎中孟甲为南谕使、礼部员外郎李文俊为副使出访安南。中统十五年（1274），礼部尚书柴椿、会同馆使哈剌脱因、工部郎中李克忠等也曾出使安南招谕。

国家派往他国使臣，都是朝廷决定，而外交机关均无派遣权，古代历朝尽守此制。古时使臣一般不常驻国外（人质除外），使团都是临时派往，完成使命则还国述职。所派官员级别，无规格限制，礼部尚书也可充使前往。使节直接对皇帝负责。元世祖至元年间，行中书省左丞唆都等奉玺书十通，招谕诸番。“未几，占城、马八儿等国俱奉表称番，唯俱兰国未下。行省议遣使十五人往谕之。帝曰：‘非唆都等所可专也，若无朕命，不得擅遣使。’”（《元史·马八儿等国传》）

蒙古族统一中国建立元朝后，立即设法恢复中国与海外的贡赐贸易，因此，元朝对外政策的目的就是以发展外贸为主。元仿宋制，在沿海重要贸易港口设市舶司（市舶司制度从宋朝开始，到明朝后期因倭祸严重而中止）。《元史》卷九十四《食货志·市舶》记载：“元自世祖定江南，凡邻海诸郡与番国往还，互易舶货者，其货以十分取一，粗者十五分取一。以市舶官主之。其发舶回帆，必著其所至之地，验其所易之物，给以公文（航海执照），为之期日，大抵皆因宋旧制而为之法焉。”元在泉州、庆元、上海、澉浦等地的市舶司都由元地方行省长官兼管。先后建立市舶司的港口有泉州（当时世界大港）、温州、广州等地，由于国内外商船剧增，“隐漏物货者多”，于是元中央政府加强了对外市舶的管理。元贞元年（1295），“命就海中逆而阅之”（海上查检船货），大德元年（1297）罢行泉府司。二年（1298），并澉浦、上海入庆元市舶提举司，直隶中书省。由于市舶司不能管理控制繁乱的贸易事务，元朝几次罢地方市司。大德七年（1303），曾“禁商罢海”。延祐元年（1314），“禁人下番，官自发船贸易”。政府就包揽了对外贸易，此后，长期申严市舶之禁。尽管元朝对民间贸易屡加限制，但不少中国商船，尤其许多海外商船仍能突破官禁，进行海上走私。有的组织海上武装集团同官军对抗，甚至勾结外国海盗，进行武装走私。后来终于成了为患中国200余年的“倭寇”。

元代的华侨及其活动

元代初期，中国和越南、占城、缅甸及印尼的邦交曾一度破裂，双方发生军事冲突。这是封建制度国家的统治阶级之间常有的事，与人民毫无关系，两国人民都愿意和平共处。幸而这些政治纠纷和军事冲突不久停息，双方又恢复交往和贸易关系了。

元朝取代了宋朝的统治权后，不甘受新朝统治的宋朝遗民，有不少到了越南。据越史载：他们“以海船三小艘，装载财物妻子，浮海来萝葛原”。

后来元兵南征，与越南军交战于成子关，“昭文王日燏军，有宋人衣宋衣，执弓矢以战……元人见之，皆惊日有宋人来助，因此败北。初宋亡，其人归我，日燏纳之。有赵忠者为家将，故败元之功，日燏居多”（《大越史记全书》）。可见中国人有不少在越南军中。

据《钦定越史通鉴纲目》卷八载：陈英宗兴隆十年（元

大德六年，1302）壬寅春正月，居北方（指中国）道士于安花坊。不事生产的中国道士还能集体住在越南一个地方，人数一定不少。其他从中国而来各行各业的人成为越南华侨的，人数自然更多了。

周达观于元贞元年（1295）随使团前往真腊（今柬埔寨）访问，首尾三年始归，对当地情况颇为了解，著有《真腊风土记》一书，谈到一些柬埔寨华侨问题。

他提到死葬习俗说："今亦渐有焚者，往往皆唐人之遗种也。"这就是指此地华侨后人往往采用火葬。《马可·波罗游记》亦称火葬为中国异俗之一。

他又说："国人交易，皆妇人能之，所以唐人到彼，必先纳一妇人者，兼亦利其买卖故也……往往土人最朴，见唐人颇加敬畏，呼之为佛，见则伏地顶礼。近亦有脱骗欺负唐人，由去人之多故也。"可见当地人对中国人的尊重，后态度有所改变，由于华人来者日多，良莠不齐。华商到后，往往同当地人通婚，成家立业，长期定居。

他又说："唐人之为水手者，利其国中不着衣裳，且米粮易求，妇女易得，屋室易办，器用易足，买卖易为，往往皆逃逸于彼。"到处为家的水手，到了这个有利可图、衣食住及性生活容易解决的地方就会流连忘返，老死于此。

我们又从元汪大渊《岛夷志略》一书中看到东南亚华侨的活动。由于中国人到东南亚地区进行和平贸易，友好往来，给当地人民以良好印象，受到尊重。例如，菲律宾的三岛，“男子常附舶至泉州经纪，罄其资囊，以文其身，既归其国，则国人以尊长之礼待之，延之上座，虽父老亦不得与争焉。习俗以其至唐，故贵之也”。

汪大渊谈到渤泥（今婆罗洲）时说：“尤敬爱唐人，醉也，则扶之以归歇处。”

马来半岛的古国龙牙门（约在吉打与北大年之间），“男女兼中国人居之，多椎髻，穿短布衫，系青布捎”。可见中国人在此地与当地人民通婚和杂处的不少。

婆罗洲有勾拦山，即格兰岛，元代有大批华人定居于此。《岛夷志略》说：“国初，军士征阁婆，遭风于山下，辄损舟，一舟幸免，唯存钉灰，见其山多木，故于其地造舟一十余艘，若樯柁、若帆、若篙，靡不宜备，飘然长往。有病卒百余人不能去者，遂留山中，今唐人与番人丛杂而居之。”

从上面材料看来，宋元之际，有些东南亚华侨聚居一处，自成村落，有些杂居于当地人民之间，与当地妇女成婚，开始同当地民族同化融合起来。这点在文献上是较为明显的。

华人出国绝大多数搭商船而往，主要附搭中国自造的大船。这就和中国的对外贸易政策有关。从商船来往的次数多少，可以看出两国贸易的盛衰和两国人民友好接触的频繁或稀少。现在我们介绍一下元代市舶的大概情况。

元代互市之法是在宋朝的基础上而加以变通的。“元自世祖（忽必烈）定江南，凡邻海诸郡国与蕃国往还互易舶货者，其货以十分取一，粗者十五分取一，以市舶官主之。其发舶回帆，必著其所至之地，验其所易之物，给以公文，为之期日，大抵皆因宋旧制而为之法焉。于是至元十四年（1277）立市舶司一于泉州……立市舶司三于庆元、上海、澉浦……每岁招集舶商，于番邦博易珠翠香货等物。及次年回帆，依例抽解，然后听其货卖。”（《元史·食货志二》）

元代市舶司有泉州、上海、澉浦、温州、广州、杭州、庆元共 7 所。市舶司有时合并，有时罢设，管理方法，亦常有变动。朝令夕改，使舶商无所适从，而且抽税越来越多，甚至有一个时期，金、银、钢铁及丝绸都不准输出。大德七年（1303）禁商下海，直到至治三年（1323）才允许海商贸易，归征其税。这种做法，当然使对外贸易陷于困难，华人出国亦不如前代方便。不过元代官方的“丝绸之路”还是畅通的。

第一位到达西方的中国旅行家
——列班·扫马

列班·扫马（？—1294），元代大都人，出身于一个畏兀儿富贵之家，其家族都信奉聂斯托利教（基督教的一个宗派）。有一位仰慕他才华的蒙古人叫马古思，不远万里从东胜州（今内蒙古托克托）来到大都拜他为师。马古思潜心向他学习，不久就成了一位虔诚的基督徒。约至元十二年（1275），两人打算西行到圣城耶路撒冷朝圣，两人作出决定后就离开了大都，沿着古老的丝绸之路西行。他们抵达伊儿汗国的蔑刺哈城（今阿塞拜疆马腊格）后，受到聂斯托利派教长马·登哈的热情接待。接着他们游历了波斯西部、亚美尼亚、谷儿只（今格鲁吉亚）等地，认真参观基督教遗迹。当时叙利亚常有战乱，两人也就未能到达耶路撒冷朝圣，只得在毛夕里（今伊拉克摩苏尔）附近教堂住了下来。不久，马·登哈召他们二人到报达（今伊拉克巴格达），并任命马古思为大都和汪古部主教，为其改名为马·雅伯拉哈。列班·扫马则被任命为教会巡视总监。正当他们准备返回中国任职时，由于伊儿汗国（蒙古帝国的四大汗国之一，元朝西南藩国）和中亚的察合台汗国（蒙古帝国的四大藩国之一，地域相当于原古儿军统治下的喀喇契丹国）发生战争，向东的道路被堵塞，两人只好还住在先前的寓所。至元十八年（1281），夕里（今伊拉克摩苏尔）附近教堂聂斯托利派教长马儿·腆合去世，马古思继任新教长，称马·雅伯拉哈三世。列班·扫马等人先来到君士坦丁堡，受到拜占庭皇帝安德努尼卡斯二世（1282—1328年在位）的欢迎。之后，离开罗马，去往法国。1288年夏末，列班·扫马不辱使命圆满完成出使任务，回到了伊儿汗国，受到阿鲁浑汗的嘉奖。1292年，列班·扫马去报达，辅佐马·雅伯拉哈三世管理教务，之后一直没有离开，直到去世。

1. 决意西行

元世祖至元十二年（1275）前后，马可·波罗到达

列班·扫马像

北京时，中国的景教徒列班·扫马与其徒弟马古思正在房山的“十字寺”修行，已经敲定去耶路撒冷朝圣的想法。当时的人完全不知道列班·扫马与马古思是谁。直到600多年后的1887年，居住在波斯西北的索罗门先生偶然发现了一部叙利亚文手稿。手稿记录了列班·扫马是一位来自中国的旅行家，从北京到法国巴黎，不仅发现了世界，还试图改变世界。

那次周游西方的旅行真是意义重大。对于列班·扫马与马古思的身份还未有明确的判定，但是猜测很可能是汪古部的蒙古突厥人，信奉景教。列班·扫马与马古思不是他们的本名，是在叙利亚文本中的景教教名。列班·扫马生于北京，其父亲是景教堂的按察员。到元世祖至元十二年（1275），修行已经27年的列班·扫马在景教中颇有声望。而马古思则生于内蒙古的托克托，那里的人大都信奉基督教。他15岁时来房山向列班·扫马拜师，到30岁依然热情不改，比之前更多了些智慧与坚定。当时的列班·扫马本来没有去耶路撒冷的想法，是在徒弟马古思的劝说下才决定去西方旅行，那是一次中国发现西方的伟大旅行。

列班·扫马和马古思两人带着热情从张家口出发西去朝圣，那时的他们还不知道此行的目的地并不是地中海边的耶路撒冷，而是更远的、更向西的巴黎或波尔多；而且他们此行的意义也绝不仅仅是个人朝圣那么单纯了。一是蒙古世纪倒是不乏西方旅行者从欧洲到中国游历，鲜有中国的旅行者到西方去，而已知的东方旅行家只有列班·扫马一位。二是蒙古世纪的罗马教廷与蒙古汗国一直在寻找合作的机会，而列班·扫马出使欧洲终于带来合作机会，那将是一次可能改变世界格局与历史的旅行。

据马可·波罗说，在那时忽必烈希望教皇能派遣100位精通七艺的教士到中国来，还希望能带来一点耶稣基督圣陵长明灯上的圣油。如果此事属实，那么他们两人可能是带着大汗的旨意去西方朝圣的。因为大概就是为了满足大汗的愿望，马可·波罗真的将耶路撒冷圣陵长明灯上的圣油带到了中国，而且不久后，列班·扫马便踏上了西去朝圣的旅程。他们旅程的第一个地点是马古思的家乡——东胜。他们的到来受到了当地人的热烈欢迎，并且还希望他们能留在那里做他们的教士和神甫。但是意志坚定的列班·扫马说他“希望成为完人”，已经舍弃了这个世界、这个世界的人与这个世界的爱。

离开东胜，他们继续西行，下一站是唐古特城。马可·波罗在这里观察到许多佛寺、大量的佛教徒与佛教徒“特殊的殡葬仪式”。但列班·扫马看到的却是“信仰非常热诚、思想纯洁”的景教徒“男女老幼立刻出来迎接”他们。在外游历的旅人们在异域他乡总是看到他们期望看到的内容，所以不同的人即便在同一时间、同一地点，看到的是同一景物，各自的感受却大相径庭，这大概也是不足为怪的。

马可·波罗与列班·扫马的线路一样，但方向相反。离开唐古特城后，列班·扫马穿过河西走廊与塔克拉玛干大沙漠的南部边缘，即古老的丝绸之路南路，先西北再折向西南，经过两个月的时间到达和田。众所周知，沙漠的路途是十分艰辛的，天气干燥，荒无人烟，水是苦的，很多经过沙漠的人都饿死在这里。列班·扫马在和田待了 6 个月。后从和田出发，到喀什噶尔，他们发现城中空无一人，因为该城最近遭遇洗劫。而马可·波罗见到的是一个繁华的商都：发达的商业、手工业、纺织业，美丽的花园、果园，清真寺与景教堂，与现在见到的景象完全不同。其实相隔也不过三四年，忽必烈与海都之间的战争摧毁了这里的美好。

和田与喀什噶尔在古丝绸之路上对沟通中外的交流和贸易起了重要的作用。作为绿洲城市，这里自然聚集着很多做生意的商队，他们国籍不同，语言各异，信仰着不同的宗教，这里有众多品类的贸易货品，如波斯的地毯、中国的丝绸，从这里转东运西。出了喀什噶尔就到了异域，可以明显地发现，那里的佛教徒少了，穆斯林变多。他们怀着新奇的心情来到了海都汗王所在的怛逻斯城，500多年前大唐与大食在此交战，大唐兵败，这里就成了穆斯林的世界。恶劣的天气加上凶险的战争，列班·扫马的旅程充满艰辛，最后他们拿着海都的特许证，在困难、疲劳和恐惧的情况下来到呼罗珊。

2. 到达伊儿汗国

当时，呼罗珊（中亚一个地区，当时包括伊朗东北部、阿富汗和土库曼斯坦大部、塔吉克斯坦全部、乌兹别克斯坦东半部和吉尔吉斯斯坦小部分）已经是波斯伊儿汗国的一部分了。伊儿汗国的阿八哈汗王信仰景教。《天方夜谭》中著名的哈里发哈伦·赖世德的墓就在途思城，城里还有圣马赛扬修道院。50年前，途思城遭遇了一场毁灭性的战争，蒙古军队几乎将这座城毁灭，《世界征服者史》记录战争后全城幸存的房子不超过50所。列班·扫马似乎对这座重建的城市不感兴趣，并未对其有过多着墨。不久后伊本·白图泰游历到途思，说“这里是呼罗珊地区最大的城市之一”。实际上，列班·扫马的整个行程都没有表现出对旅途中的世俗见闻的兴趣，也可能是被教会的记述者省略了，要不然一个13世纪从中国北京出发的旅行者如果将旅途中的西方见闻描绘出来，那将非常有意义。在圣马赛扬修道院里待了一段时间后，列班·扫马感悟很深，然后就准备去巴格达拜见景教界的首脑——景教宗主教马·登哈。当列班·扫马与马古思到达马拉加城巡幸（今大不里士城南100千米处）时，有幸见到了那令人感动的拜谒场面。

由于战争的缘故，他们选择返回报达（今巴格达）。马·登哈宗主教似乎一开始就另有打算，不希望他们去耶路撒冷。马·登哈宗主教说："现在战争凶险，局势很乱，道路不通，不是去耶路撒冷的最佳时机。你们敬拜了我们的圣地和圣物；一个纯洁的心灵要是敬拜了这些，不

耶路撒冷

亚于朝拜耶路撒冷。现在我有一个好的忠告希望你们能接受，我想选马古思为大主教，授予他来自教廷的礼物。委任列班·扫马为巡察总监，并派你们二人回本国去。”

1280年，马古思受命成了“契丹城和汪古部的大主教”，改名为马·雅伯拉哈，列班·扫马成为巡察总监。但是他们两人都不愿意回到中国，假如他们真是受了忽必烈的派遣去耶路撒冷朝拜，没到目的地是不会回去的。也或许来路已经九死一生，他们无法想象归途。察合台汗国与伊儿汗国、大汗元朝的争战还未结束，而丝绸之路可能已经断绝。

列班·扫马与马古思解释说：他们还未完成自己朝圣的使命，只愿在修道院修行一生，无法接受此任命。但到最后，马·登哈宗主教还是劝服了他们，后来因为忽必烈与海都间的战事又起，中亚的路径阻断，两人的归国行程延迟到第二年。到了第二年，马·雅伯拉哈（马古思）去报达接受主教礼服与权杖，可是他们并没有回去，猜不透真相究竟是什么。

马古思似乎十分走运，尤其是到波斯后。朝圣是他提出的，本来他是列班·扫马朝圣的跟随者，不料列班·扫马被委任为巡察总监，马古思却成了契丹城和汪古部的大主教马·雅伯拉哈三世。马古思本人与忽必烈特殊的关系，以及他曾做过的梦里预言到他将成为宗主教，如今成为大主教，这些，对一个30多岁的年轻人来说，

巴格达城

确实太过传奇了。

1281年初，马古思去报达，此后，一路上的惊喜等着他。但这位马·雅伯拉哈三世本人却在自传中说自己去报达的目的就是去继承大主教之位，然而，他又说是应梦里的预言去的。在报达城外，他被神秘人告知，马·登哈宗主教去世，如果他能快速回去，还可以赶得上葬礼。更出人意料的是，他不仅赶上了葬礼，竟然还被推举为宗主教继承马·登哈位。远方来的朝圣者竟然变成了宗主教，不用再回中国了，马·雅伯拉哈三世在报达的马·科卡大教堂就职，他的老师列班·扫马却为他管理内务。这段神奇的旅程似乎已经结束。但是5年后，阿鲁浑汗要联合罗马教廷进攻叙利亚、巴勒斯坦，马·雅伯拉哈三世推荐列班·扫马出使欧洲，要不然列班·扫马很可能作为总教主的内务总管，终其一生，最后在历史长河中不留痕迹地离开。

3. 前往欧洲

列班·扫马从中国到达波斯，从此以后好长时间一直待在报达或马拉加，从 1281 年至 1287 年，列班·扫马都没什么大的变化，可这 6 年里世界动荡不安。伊尔汗国阿八哈去世，阿合马继位，准备将整个伊尔汗国伊斯兰化，马·雅伯拉哈三世成了囚徒，后又重新掌教。他们准备派遣使者去欧洲，这时列班·扫马又接着开始了他的旅程。1287 年 3 月，列班·扫马一行从特烈比宗或黑海的某个港口出发，前往罗马，这是中西交流史上真正具有意义的一件大事。

1287 年 6 月 23 日，从“大汗的国土”远道而来，同时又是以汗八里城的教士身份的东方使者列班·扫马乘船到达了意大利的那不勒斯港。他是第一个到达意大利的东方使者。之前，有意大利商人去东方，给他们带来了关于契丹或蛮子的传说，马可·波罗就是很长一段时间都在中国服务的意大利人，现在又有另一位意大利商人和一位意大利译员陪同这位远东教士来。这时港外安茹国王与阿拉贡国王之间正在进行激烈的海战。他们忙着战争，根本没有精力来关注这位 64 岁的东方教士。

1241 年拔都从多瑙河撤军之后，蒙古军转战南方的伊斯兰世界。当时，法国卡佩王朝安德鲁使团是欧洲派出的出使蒙古的使团中规模最大的使团。派遣目的是希望获得大汗的支持，希望十字军与蒙古军队能联合进攻西亚伊斯兰国家。卡佩王朝路易九世希望通过与蒙古人的联盟收复耶路撒冷。但路易九世看到使团带回那位摄政寡妇乃马真氏的信后大失所望，甚至后悔这次的派遣。基督教十字军和蒙古军之间联合总是阴差阳错，最开始是基督教十字军想联合蒙古人，蒙古一直没有回复，然后又是蒙古人试图联合基督教十字军，欧洲又没有响应。在蒙古汗国中，波斯的伊儿汗国处在一个四面楚歌的艰难境况，遭受三面夹击。东方的察合台汗国、北方的钦察汗国、西方的马木鲁克王朝都各自联合可以联合的力量对伊儿汗国虎视眈眈，伺机进攻。旭烈兀曾欲联合十字军消灭马木鲁克王朝，阿八哈两次派遣使者向欧洲教皇求助，希望能寻得军事合作机会，教皇也表示无能为力。庞大的蒙古帝国面临分裂的危机，狭小的基督教欧洲也处在危险之中，罗马教廷与拜占庭帝国冲突不断，威尼斯与热内亚持续战争，安茹国王与阿拉贡国王之间爆发战争，英王爱德华一世和法王圣路易九世组织的十字军因得不到安茹的配合而失败。1285 年，刚即

圣索菲亚大教堂

位的伊儿汗国第四任君主阿鲁浑再次请求教皇发兵叙利亚，此时十字军对其发起进攻。教皇没有回应，在伊儿汗国看来没有明确拒绝，这就是希望。1287 年，列班·扫马作为被派遣的使者再次带着信札和礼物来求救，这已经是最后一次机会了，伊儿汗国开始衰落，1291 年阿鲁浑去世后，很快伊斯兰化。

列班·扫马等人从伊儿汗国的首都大不里士（今伊朗西北部的城市）出发。距当时 10 年前，马可·波罗游历至此，对它的描绘是，这里是繁盛的商都，且人口稠密，商贸发达，各国的商人云集于此，城外是景色秀丽的花园与果木园。列班·扫马一行人从特烈比宗坐船出发，几天的时间就到达拜占庭。拜占庭皇帝安东尼库二世欢迎他们的到来，虽然他的妹妹已经嫁给了阿八哈汗，但他似乎并没有因为这个关系而积极响应联合进攻马木鲁克苏丹的建议。他想在伊儿汗、钦察汗、马木鲁克苏丹之间寻求政治与贸易的平衡，东罗马帝国当时已经衰败沦落为一个城市，不具备任何军事能力。列班·扫马没能完成为伊尔汗国求救的使命，他唯一的收获是见到了十分仰慕的圣索菲亚大教堂。圣索菲亚大教堂是当时世界上最壮丽的基督教建筑，列班·扫马陶醉于大教堂的穹窿、券柱的宏伟、大理石的豪华、金底玻璃马赛克的辉煌……列班·扫马作为一个虔诚朝圣的僧侣，没有关心教堂和宗教以外的东西，尤其对俗世的东西不感兴趣，他觉得自己是作为来自一个更发达地区的旅行者。最后一次觐见东罗马帝国皇帝后，列班·扫马继续西行去法兰克人那里了。

从君士坦丁堡到那不勒斯的航行历时两个月，路途艰辛不可言状。挤在狭小肮脏的船舱中的商人香客不断有人死去，中途还遇到暴风雨、沉船，在即将靠近那不勒斯时，还看到了某个小岛的火山喷发。列班·扫马在那不勒斯停留的时间很短，从那不勒斯到罗马，他们穿过古罗马帝国，亲眼见到了古罗马当年最繁华的景象，当然，那里也是13世纪世界上最繁华的地区之一。列班·扫马的旅程从蒙古草原、中国西域到中亚波斯，沿途经过的也大多是荒漠与战乱后破败的城市，这些旅途感受大都是不好的。只有在意大利中部时看到繁荣的景象，心情稍有轻松和愉快，他说沿途“没有闲置的土地，到处都是房屋”。唯一一件令人愕然的事是，两个月前，他还饶有兴趣地在君士坦丁堡参观拜占庭皇宫，然而到达意大利时便听说罗马梵蒂冈的教皇霍诺留斯四世已然去世的消息。新的教皇还没有选出，其事务暂时由 12 位红衣主教主持。

梵蒂冈里的觐见仪式与中国皇宫有些相似，且特设有主管礼仪的僧侣或礼部官员教授叩拜礼仪。当红衣主教们听列班 · 扫马说有许多景教教士去东方传教，蒙古人、突厥人、汉人有基督徒，看到列班 · 扫马举行的景教礼拜与西方基督教竟然十分相似时，大吃了一惊。当红衣教主听到列班 · 扫马说，此行的目的是为了晋谒主罗马教皇，敬拜圣徒遗物，送交国王与宗主教的信件时，他们显得更加慌乱，然后他们让列班·扫马等人先休息，接着带他们观光。

列班 · 扫马的旅行始终顶着出使与朝圣两个光环。出使使命遇阻，他只好先朝圣。与圣索菲亚大教堂相比，列班 · 扫马更加吃惊于梵蒂冈的圣保罗大教堂。他在圣保罗大教堂见到了更多真实的圣物，因为当他参观圣索菲亚大教堂时，真正的圣物几乎已经被洗劫一空，他实际上瞻仰的都是些复制品。列班 · 扫马无意于欣赏教堂的艺术，而对圣彼得的墓、教皇的神坛与裹着亚麻布的基督受难像很是感兴趣。此外，作为一个虔诚的朝圣者，列班·扫马接着参观了罗马的其他教堂，敬拜其中的圣物。

4. 到达法国

老教皇已死，新教皇还未选出来，每一位红衣主教都有想当教皇的野心。列班·扫马的使命一时还无法完成，只得继续向北游历，去巴黎觐见法国国王菲利浦。中途经过热那亚，并受到欢迎。虽说热那亚是个国际化的商都，但是许多远在波斯的热那亚商人却不能在军事上为伊儿汗提供任何支持。这些热那亚商人只看重利益，同样与马木鲁克的商人做生意，他们只有贸易上的敌人，那便是威尼斯商人。列班·扫马对这里的很多事都无法理解，这里没有统领大局的君主，只有商人和商人们组织的市政会，而且身为教徒的他们居然从不斋戒，他们的理由是，当年皈依的圣徒看到他们身体太瘦弱，于是准许他们任何时候都可以吃肉。

南欧的盛夏很炎热，旅途也很容易疲劳。他们初秋到达巴黎，受到了盛大的欢迎，列班·扫马等人连续休息了 3 天才缓过劲儿来。新即位的法王菲利浦四世像他的祖父一样，是个有作为的年轻人。他的祖父是当年派遣安德鲁与鲁布鲁克出使蒙古的圣路易。觐见很圆满，菲利浦四世深受感动。他说连异教徒蒙古人都这么关注解放圣地耶路撒冷，基督徒当然应该热烈响应。菲利浦四世答应“派大军”与阿鲁浑汗联合进攻马木鲁克苏丹。列班·扫马悬着的心才放了下来，于是在巴黎待了一个月。

菲利浦四世像

实际上，菲利浦四世虽然答应联合作战，但是却不能提供实际的帮助，因为他们强劲的敌人在法国边界，而不是地中海的那一边。在西部他与英国国王爱德华积怨已久，马上就会爆发一场将持续 4 年的战争，在南部与阿拉贡国王对普罗旺斯的领主权的争夺一直在持续，东北方在佛兰德斯，他与神圣罗马皇帝也有不和，由于财政收入不足，他禁止法国硬通货外流，法国教会的贡税减少，又得罪了罗马教廷。菲利浦四世自身已经深陷危机了，没有多余的精力管其他事。他隆重招待了来自东方的使者，并派了一位骑士随行波斯报聘（为感谢一国来访而派出使者回访）。

在 13 世纪，欧洲最大的城市要数巴黎了，其特点体现在王家气派与文化上。如果说王家气派比不上君士坦丁堡的话，其文化氛围却是无可匹敌的。“这里有3万学者研究基督教教义和世俗之学，即翻译和解释所有的《圣经》和科学。科学包括哲学、修辞学、医学、几何学、算术和星象学等。他们经常忙于写作，一切活动都得到国王支持。”列班·扫马在巴黎的一个多月到处参观。但在他的游记中，只特别提到了圣丹尼教堂和停放着的已故法国国王们的棺木和他们的王冠、武器及衣服，有500名修士在为他们斋戒、祷告。3万名学者与500名修士，这或许有些夸张，或许是列班·扫马对这种“庞大”的规模印象深刻，叙述有些随意的夸张。

古代的交通不像现在这么发达，在那场中世纪的旅程中，从巴黎到波尔多，在现在可能仅需要几个小时，在那时需要足足20天。列班·扫马1287年10月初离开巴黎，几乎月底才到达英王爱德华的驻跸地波尔多。列班·扫马的到来对这座小城来说是件大事。爱德华国王在清楚了他的身份后，立即接见了他，并表示他们基督教君主帮着收复圣地耶路撒冷责无旁贷。爱德华一世盛宴招待了他们。

列班·扫马辞别英王准备返回热那亚过冬。热那亚可能是唯一一个让东方人感觉亲切的西方城市。回到热那亚，虽然是12月份，但映入眼帘的依旧是满眼绿色，海风和煦，这样的天气让列班·扫马心情很好。列班·扫马已经说服欧洲两位最强大的国王配合伊儿汗国对马木鲁克发起进攻，现在只剩下教皇了。当然，他也知道必须有教皇的参与才算使命圆满完成。半年过去了，12位红衣主教有6位已经去世，新教皇的人选仍旧待定。新年来临并没有让列班·扫马心情变好，内心反而更局促不安，焦急地等待教皇选举。1288年2月20日，新教皇选出，就是当时诘问列班·扫马教义的那位红衣主教。

5. 在罗马拜会新教皇

新教皇一经选出，列班·扫马便不顾一切马不停蹄地赶往罗马。刚到罗马，列班·扫马便有幸参加了这里的复活节，被新教皇尼古拉四世邀请参加复活节的重大仪式。他感激尼古拉四世对自己礼遇有加，但是作为使节，最重要的出使因为没有结果而令人大失所望。参加完复活节后，失望的列班·扫马准备返回，教皇分别致书阿鲁浑汗、马·雅伯拉哈三世、已故阿八哈汗的遗孀拜占庭公主、列班·扫马和一些在波斯居留的欧洲人。这些信的副本保存在梵蒂冈教廷档案中。在给阿鲁浑汗的信中，尼古拉四世对派遣十字军配合攻打马木鲁克的事只字未提，似乎收复圣地是蒙古人的事。指望不上十字军，列班·扫马的使命实际上落空了。

1288年9月，失望的列班·扫马只好带着教皇的这些信件和礼物返回到了波斯，他早已经把这里当成自己的第二故乡。列班·扫马当时年纪已经很大，不适合再奔波劳碌，因此当晋见阿鲁浑汗的时候，汗王决定让这位老人安心度过余年，于是命人在宫外为他建一教堂，可以在那里领礼拜做祈祷。

后来，在列班·扫马空手而归之后，阿鲁浑汗接着派遣其他使者前往欧洲，但都没什么效果。教皇对他的倡议没有明确表态，法国国王与英国国王也未遵守承诺。因为他们身边的利益与麻烦让他们顾不上遥远的圣地耶路撒冷。到了1294年，列班·扫马在波斯一片祥和的气氛中与世长辞，弥留之际，法国与英国之间的战争再次爆发。

列班·扫马的游历之丰富，又扮演了如此重要的角色，心中没有什么可遗憾的了。1317年冬夜，与列班·扫马同来西方的马古思在一个修道院里也安静地死去。死前，他看到令人伤心的一幕幕，很多景教教堂全部被破坏，教会财产也被洗劫一空。

列班·扫马与马古思自1276年离开汗八里（即元大都，今北京），自此再也没有回来过，一生都在异地他乡生活。但不管怎样，列班·扫马与马古思的欧洲之行仍然具有重大的意义。从西域到欧洲，他们将两地不同的物质与文化进行了沟通，开启了东西方文化交流的大门；他们让不同地域的人民看到了外面的世界，由此开始的交流和贸易重塑了本土的经济结构，他所叙述的大量的有关异域的知识与经验开阔了人们的视野；本土的人在试图将异域的力量融入自身文化的同时，开始在自身的社会与文化结构内组织、创造新文化的意义，使其成为具有某种超越价值的文化乌托邦，有利于推动本土的变革。由欧洲返波斯后，列班·扫马用波斯文记录了他的见闻和亲身经历。但在伊儿汗国的伊斯兰化过程中，可惜的是这些十分珍贵的游记、出使报告、日记以及书信全部丢失了。列班·扫马是一位伟大的旅行家，几乎可与马可·波罗、伊本·白图泰齐名，但他被历史遗忘了5个世纪之久。直到1887年，一位名叫索罗门

梵蒂冈教廷

（Salomon）的先生偶然间从一位信奉景教的突厥青年那里发现了一部叙利亚文手稿。至此，才发现了这位西行的东方旅行者的伟大旅行。后来，这本手稿又有法语、英语、俄语译本问世。13 世纪的欧洲在一个来自东方中国的景教徒的眼中会是一种怎样的景象，这是西方人最感兴趣的，但遗憾的是该稿字数极少，叙利亚语译者也是编者，他删掉了里面大量的内容，实在令人遗憾。

延伸阅读

丝绸之路上中国与伊朗的文化交流

中国和伊朗是两个各自拥有悠久历史和光辉灿烂文化的文明古国，亦是连接东西方的古代丝绸之路上的两个举足轻重的东方国家。

早在 10 万年前伊朗高原上已有人类繁衍生息。伊朗的主体民族波斯族属操印度 - 伊朗语族中的一支，他们是白种人的一支——雅利安人，“雅利安”一词意为“高贵的”或“诚挚的”。

在伊朗这片广袤辽阔的土地上，自公元前 8 世纪至公元 7 世纪中叶伊斯兰教征服伊朗之前的 1400 多年里，曾先后出现过4个在世界上颇有影响的王朝。第一个朝代即“米底王朝”，此后的3个王朝尤以阿契美尼德王朝（前550—前330）更为显赫，是世界上第一个跨亚、欧、非三大洲的大帝国，亦称“古波斯帝国”。当时的波斯文明已高度发展，在世界文明宝库中亦占有一席之地，其中的一些文明古迹至今仍为世人瞩目。到了公元前330年，马其顿的亚历山大大帝东征一举焚烧了波斯玻利斯都城。在100多年以后，伊朗人中的一支帕提亚族（源出雅利安人中的一支——塞族，亦称斯基泰族）在今伊朗东北部的霍劳桑地区建立了阿希康尼扬王朝(前250—226)。由于该王朝的创始者名为阿希克(亦称阿尔夏克)，故在中国历史上音译为“安息王朝”或“安息国”(最早见于《史记》)。正是在该王朝时代，中

波斯玻利斯都城

国史书上开始记载了中伊两国友好交往的材料。3 世纪时伊朗出现了萨珊王朝（224—652），亦称“萨珊波斯”。到了 7 世纪中叶，伊斯兰教征服了伊朗，从此伊朗历史进入了伊斯兰时期。

在中国历史上曾把伊朗这个国家分别称为安息、波斯和伊朗。之所以有此差别，乃是伊朗历史发展所致。一般都以为“波斯”这个称谓乃是这三者当中最早者，实际情况并非如此。从词源上分析，伊朗这个词当属最早，该词在古代波斯语中意即“雅利安人居住的地方”，而波斯则是这些雅利安人中的一支。“波斯”一词原是古代希腊人将阿契美尼德王朝（即古波斯帝国）的统治者波斯族冠之以希腊文 PERSIS 的称谓，这也是至今西方相关词汇的来源，如法语中的 PERSE、英语中的 PERSIA 等。

伊朗人特别重视正统嫡传和君权神授。这点与伊斯兰教的什叶派所遵奉的宗教理念相吻合，即该教领导者均须是出自圣门后裔和正统嫡传。由于什叶派是伊斯兰教的少数派，而伊朗人从族种上说在该教信众中亦系少数派，所以除宗教教义信仰之外，从民族和思想感情上伊朗人亦更接近于什叶派的立场和地位。

更重要的一条理由是伊朗的伊斯兰不光确认什叶派信徒们的信条，即在先知穆罕默德归真后，只有阿里才是唯一的一位合法继承者，他不但是先知穆罕默德的堂兄，还娶了穆圣的女儿法蒂玛为妻，这样他便是先知家族中最嫡系的亲属，更不要说阿里在跟随穆罕默德宣传伊斯兰教义时所做的杰出贡献了。故此，他是最合法和合适的继承者；此外，还由于阿里的儿子侯赛因娶了伊朗萨珊王朝末代国王的公主为妻，所以伊朗的伊斯兰什叶派领导人认为无论是从父系还是从母系上看他们均是最为正统和嫡传的；而且从君权神授上来讲也是最为合适和合法的。

先知穆罕默德像

据《史记》记载，中伊两国早于公元前 2 世纪就开始了友好往来，此后在中国历代编撰的史书中均分别记录了中伊两国不断交流的历史。

除了官方的记录之外，两国的各界人士还分别著有对方国的社会风情包括经济发展的著作，这对后人了解中伊两国当时的发展情况有极大的参考价值。虽然有人对某些作品的著者是否曾亲历对象国一事提出质疑，但是看来这些作品中的大部分材料的真实性是毋庸置疑的。

中国在唐代即有杜环所著的《经行记》，作者在书中介绍其10余年的国外见闻，对当时伊朗的方位地理、风土人情、物产服饰以及宗教军事等情况，用简洁扼要的文字做了描述，此书亦是我国最早用文字介绍伊斯兰教教义的书籍。遗憾的是全书已失传，只在《通典》中保存数节。

在元代，汪大渊曾随商船两次访问十几个国家和地区，他在《岛夷志略》一书中有专门章节介绍伊朗的主要商埠忽尔谟斯。自此可看出，当时忽尔谟斯已是波斯各地货物的主要集散口岸，东西方各国商贾均在此交易。此书是作者的亲身经历，成为后代访问伊朗的旅行者的可靠向导。此外元代耶律楚材所著《西游录》以及周致中所著《异域志》中，也记述了伊朗当时的地域风情。

到了明代，此类著作数量更多，例如由陈诚和李暹合著的《西域行程记》和《西域番国志》是他们奉命出使伊朗帖木儿王朝的哈烈城（今赫拉特）的记录，这两部书对当时伊朗的地理、风俗、人情和制度都有较生动的描述。

至于在明代曾随郑和出使的随从中，有几位在回国后先后著书，介绍出使情况，例如马欢曾3次随郑和下西洋任翻译，他对照已有成书，把旅途中的见闻写成《瀛涯胜览》，其中关于忽鲁谟斯国（在今伊朗境内）的描写甚为详细，除了一般物产和地理情况之外，对当地民众的风俗习惯和生活娱乐等亦有描写，语言生动，有些词直接用波斯语译音。

费信曾 4 次随郑和到海外，两次访问忽鲁谟斯国，回国后写了《星槎胜览》一书，对忽鲁谟斯国有所介绍。

巩珍随郑和历访 20 国，详细了解各国风习，回国后写了《西洋番国志》。由于他的文字修养较马欢和费信为高，对忽鲁谟斯的描写生动活泼，直接采用波斯语音译，介绍某些物产，对研究中国和伊朗的文化交流颇有帮助。

在中国元、明两代，伊朗人还著有几部有关中国的重要著作，最著名的作者当推拉施特，他是伊朗伊利汗王朝（1256—1353）杰出的政治家、史学家和医师，他的著作宏富，有关中国的主要有《史集》中的中国史部分，是外国同类书籍中最重要的一部。另有 4 部关于中国的作品，分别是《中国医学》《中国药学》《蒙古药学》和《中国人的治国策略》。此外，他还在《迹象与复苏》这部有关农业和园艺的著作中，谈到中国 20 多种植物，如茶、檀香、肉桂、椰子、槟榔、松木、沉香、苏木、莲花和杨梅等。他详细介绍了这些植物的外观、特性、用途和栽培方法，并用波斯语记录了它们的汉语名称和发音。

在 15 世纪伊朗帖木儿王朝时，国王沙哈鲁遣使前来中国，代表团中有一位名为火者・盖耶速丁的著名画师，他以王子贝孙忽尔（以热爱吟诗写作、书法、绘画

沙哈鲁像

而著称）的代表身份参加访华团。奉贝孙忽尔之命，他用日记形式记下了出使的全过程，后以《沙哈鲁遣使中国记》而著称。书中介绍了朝见明成祖的细节，对中国的殷勤款待表示满意。此书对研究中国明代的城市建筑、礼仪典章、民众生活、饮食起居、文化娱乐直至外宾礼遇等方面，都极富参考价值。

古代伊朗人写的另一部介绍中国的值得注意的著作名为《哈塔伊游记》（亦译为《中国纪行》）。该书作者为阿里·阿克巴尔·哈塔伊，此书是今天能读到的用波斯语介绍中国社会、政治、经济、文化、军事、法律以及生活等涵盖面最广、最为详细的一部书籍。书中讲到作者曾于 1506 年来中国旅行了 100 多天，回国后根据经历而写成这部游记，记述了旅行中的见闻。虽然有人认为由于他所写内容过于丰富和详细，以至于怀疑其是否系作者的亲身经历。不过，该书仍不失为中伊文化交流史上少见的重要著作。

在中国和伊朗的古代文化交往中，宗教传播亦是一个方面，据有关史料记载，世界上许多与伊朗有密切关系的宗教，如琐罗亚斯特教、景教、摩尼教、伊斯兰教等均是经由伊朗传入中国的。前 4 个宗教传入时间约在南北朝至唐代时。当时中国政治安定，经济繁荣，对外开放，容许各种思想传播，这些传入的宗教有些现在虽已灭绝，但在两国文化交流上曾起过一定的推动作用，并且促进了两国人民之间的思想沟通。

地图史上划时代的人物——朱思本

朱思本（1273—1333），字本初，号贞一，江西临川（今抚州）人。江西龙虎山道士，元代道教龙虎宗支派玄教的骨干。朱思本是著名的地理学家。他所绘制的《舆地图》蕴含丰富的地理科学思想，对传统的制图科学做出重大贡献。朱思本生于南宋咸淳九年（元至元十年，1273），祖父以科举入仕，做淮阴县令，其父亲没有入仕途。入元后，家庭开始破落。到了至元十二年（1275）底，临川也被元军占领。宋亡，感念前朝的朱思本一家坚决不与新建立的元王朝合作，不做元朝廷的官。年幼的朱思本受到了长辈们厌世遁迹的极大影响，也无意于追求名利仕途。这使他以足够的精力埋头于地理科学研究和地图绘制工作中，从而成为继晋代裴秀、唐代贾耽之后又一位杰出的地理学家。

1. 游历考察 20 年

朱思本出身官僚家庭，自幼熟读经史，并对山川田园饶有兴趣，尤其倾慕司马迁周游天下的壮举。后因仕途不遇，厌恶人世浑浊，未满 14 岁时即去信州（今江西上饶）龙虎山学道。龙虎山是道教正一教派的中心，元军占领江南时期，忽必烈召见三十六代天师张宗演，命令他主领江南道教。从至元二十四年（1287）起朱思本进山，后来十余年一心修炼，凭借着较高的文化素养，他在龙虎山的地位不断升高。元成宗大德年间（1297—1307），朱思本赴四方传道，饱览祖国大好河山，激发了他研究地理学的兴趣。其中大德三年（1299），奉玄教宗师张留孙的命令，朱思本离开龙虎山上大都，他那时

朱思本像

就成为了大都崇真宫管理教务的张留孙、吴全节的得力助手。当时，朱思本还留下了一首诗："胡为舍此去?乃与尘俗萦。人生有行役，岂必皆蝇营?"（《贞一斋诗文稿·发山中》）他以诗明志，表示自己不会追慕权势。他利用这个机会，实地考察做研究，包括"山川风俗，民生休戚，时政得失，雨潮风雹，昆虫鳞介之变，草木之异"，他的言行表露出他绝不蝇营狗苟，力图有所作为的雄心壮志。

朱思本到各地的考察时间共有20年，据其《贞一斋诗文稿·舆地图》自序，从大德三年（1299），他离开龙虎山算起，"登会稽，泛洞庭，纵游荆、襄，流览淮、泗，历韩、魏、齐、鲁之郊，结辄燕、赵，而京都实在焉"。从至大四年（1311）到延祐七年（1320），他奉命代替天子祭祀名山大川的时候，"奉天子命，祠嵩高，南至于桐柏，又南至于祝融，至于海"。20年里，他只在大都待过一段时间，其余的时候他从来没停止过脚步，一直在各地游历，足迹遍布中南、华北、华东等地区，确确实实"跋涉数千里间"，为其《舆地图》的绘制积累了大量资料，做了充分的准备。

在第一阶段，他从龙虎山到大都的路上，才开始了解"人生休戚，时政得失"，因为久居深山，一直未接触民间，所以这时候他才真正接触社会。大德年间，江浙一带一直出现洪灾，死伤无数，还造成大量的灾民流离失所。朱思本目睹惨相后，在《庙山九日》中写道："良田没巨浸，鱼鳖为鲜食；壮健多流亡，老羸转沟洫。"在《东吴行》中写道："今岁东吴遭海溢，太湖涌波高百尺；夏秋之间阴气凝，十旬风雨韬阳精。吴江浙水不复辨，仿佛蓬莱眼中见；稽天巨浸十六州，良田茫茫蟠蛟虬。"严重的水灾伤害了无数的生命，"死者十七八，存者多飘零"，"流尸日夜下，水气为之腥"（《御河》）。而水灾过后，扬州一带又开始出现瘟疫、蝗灾、旱灾。面对此景，朱思本在《广陵行》中写道："去年春旱天无雷，种不入土心已摧；夏秋日色烈如火，万里良田俱草莱"，"今春雨滑动犁锄，忍饥力作交相呼；奈何螟虫蔽天起，所至草木无遗余。捕蝗作食已云恶，疫疠无端扇余疟；死亡枕藉无人收，赖有王宫为掩骼。"（《中国通史》卷八）

水灾和蝗灾接连不止，让朱思本意识到，这些灾难与官府的残暴有直接关系，于是他在《御河》中揭露道："守令肆豺虎，里胥剧蝗螟"；在《南昌道中》写道："见说田家更憔悴，催科随处吏成群。"还有"庙堂赈济颁良策，宣阃爱民心甚力；县胥里正肆奸欺，远者那能沾帝泽"（《广陵行》），表达自己对贪官污吏的痛恨，以"东南千万斛，岁漕输上国；今兹民力竭，何以继供亿。"（《庙山九日》）表达自己对灾民的怜悯，对暴政的不满。

吴全节于大德十一年（1307）被封为玄教嗣师，作为其助手，朱思本随他祭祀明川。元成宗铁穆耳病逝后皇位由元武宗海山继承，元武宗重用布衣李孟，并提拔为集贤大学士、同知徽政院事等职位。元武宗逝世后，他的弟弟仁宗继续任用李孟。李孟知人善用，很是惜才，便想劝朱思本重新走上仕途，不过被朱思本拒绝了。他为什么不愿出任许多人艳羡不得的朝廷命官呢？许有壬《朱本初北行稿序》中记述说：“夫昔秋谷李公当国，一见本初，即劝其返初服，本初以早奉父母，父殁而不忍改也。使本初用世必烨烨可观，不独诗岩文而已。秋谷之长于观人，当益信于世也。”可见朱思本始终不改初心。

这件事之后，从至大四年（1311）起，朱思本就游历各地，开始了自己的考察活动。表面上他是奉命代替天子祭祀名山大川，但实际上却肩负重担，“每嘱以质诸藩府，博采群言，随地为图”。他原本就想重新绘制地图来纠正前人地图的错误，这正好与中朝大夫的嘱托不谋而合，历经10年之久，终于

吴全节像

绘制而成“长广七尺”的《舆地图》。后来该地图被刻在上清的三华院，但是可惜的是，这本《舆地图》已经遗失在历史的洪流中。值得庆幸的是，明代的罗洪先曾绘制过《广舆图》，它正好保存了《舆地图》的概貌。

2. 绘制《舆地图》

一是实地考察。他对实地考察的重视，正如他在《舆地图》自序中所说：每到一地，“往往讯遗黎，寻故道，考郡邑之因革，核山河之名实，验诸滏阳、安陆石刻《禹迹图》、樵川《混一六合郡邑图》”。朱思本的实地考察又是通过严格的科学实践来获得考察真正成果，包括：⑴“讯”，他亲自向当地人询问口碑和古迹；⑵“寻”，亲自寻找遗址和遗迹；⑶“考”，就是对郡邑的沿革进行考证；⑷“核”，核实某些河流山川名称的正误;⑸“验”,根据自己的考核来验证古地图的正确性。他为了得到科学的结论，孜孜不倦地研究学习，与他同时代的虞集称:“遇輶轩远至，辄抽简载管，累译而问焉。山川险要，道径远近，城邑沿革。人物、土产、风俗必参伍询诘，会同其实，虽靡金帛费时日不厌也，不慊其心不止。”(《道园学古录》卷四六《贞一稿序》)

考察的结果就是，他发现“前人所作，殊多乖谬”，这让他更加坚定自己的想法，一定要重新绘图，“思构为图正之”。

二是收集资料。朱思本在自序中提到他绘制《舆地图》参考的书目有 :《通典》《水经注》《元丰九域志》《元和郡县志》等。当时恰逢《元一统志》编纂完成，本书共 1300 卷。《元一统志》所引资料，江以南各行省大半取材于《舆地胜记》和宋、元旧志，江以北大半的取材都来自《元和郡县志》《太平寰宇记》和金元旧志，云、甘、辽则据新志。可见,《元一统志》是当时一本有着最新地理学成果的全国性地方志。朱思本原本就是奉命“随地为图”，随时可以“质诸藩府”，能够查阅当地政府的地理资料和地方档案等，这其中就有新编的《元一统志》。所以朱思本能够绘制出《舆地图》，这些条件对他有很大的帮助。

朱思本也意识到了汉文的资料的确有限，他还查看了很多如藏文等少数民族的地理著作。比如为了查证黄河河源及其流向里程，“从八里吉思家得帝师所藏梵字图书,而以华文译之,与（潘）昂霄所志（即《河源志》),互有详略”(《元史 · 地理志》)。朱思本翻译的藏文图书中关于河源的记载,《元史 · 地理志》中也有部分摘录，书中详细地记载了从发源地火敦脑儿到汉地的部分，这是黄河上游所经之地的宝贵资料。朱思本是一位精通藏文的翻译家，他为了使《舆地图》更加精准和详细，在收集资料这个环节费了很大的工夫。

三是重新制定了以“计里画方”为基础的绘图方法。魏晋时期我国就已经发明了绘制地图的方法，地理学家裴秀发明了“制图六体”原则，阐明了地图比例尺、方位和距离的关系，后来在此基础上逐渐形成了“计里画方”的绘画方法。他在绘制《禹贡地域图》时用的就是这个方法，“以一分为十里，一寸为百里，备载名山都邑，王者可不下堂而知四方也”（《北堂书钞》卷九六）。唐代著名地理学家贾耽对这个方法也是大力提倡，积极推广。宋代的《禹迹图》是我国现存最早的时刻地图之一，作者已不可考，根据图中唐代的地名和绘图概况猜测，此图或是根据贾耽《海内华夷图》中的禹贡九州部分绘成的,而且图中还标明“每方折地百里”,这说明“计里画方”绘图方法一直在沿用。朱思本便是在此方法上加以改善，绘制出了更加精准详细的《舆地图》，增加了原来地图没有的山川湖泊和城镇区域。

在朱思本的影响下，“计里画方”绘图方法在元、明两代时又开始流行。后来意大利传教士玛窦来中国传教，带来了更为先进的西方绘图法，科学的经纬度测量便逐渐取代了“计里画方”绘图方法。

明朝嘉靖年间，地理学家罗洪先在《舆地图》的基础上继续扩充,重新绘制了更加详细的《广舆图》。他说：“尝遍观天下图籍，虽极详尽，其疏密失准，远近错误，百篇而一，莫之能切也。访求三年，偶得元人朱思本图，其图有计里画方之法，而形实自是可据，从而分合，东西相侔，不至背舛。于是悉所见闻，增其未备，因广其图，至于数十。”（《广舆图序》）而且，他采用的绘图方法仍是“计里画方”。霍冀（明代嘉靖、隆庆年间朝廷重臣，官至兵部尚书）十分肯定此法的优越性：“计里画方者所以较远量迩，经延纬袤，区别域聚，分拆疏数，河山绣错，疆里井分，如鸟丽网而其目自张，如棋布局而其罫自列，虽有沿革转相易移，而犬牙所会，交统互制，天下之势尽是矣！”（《广舆图叙》）

朱思本绘图时，为了保证数据的准确性，曾游历全国各地，只是因条件所限，他的足迹其实仅仅到达了华东、华北、中南部分地区，至于西北、东北等地他从未涉及。他对自己考察过的地方自信地表示：“其间河山绣错，城连径属，旁通正出，布置曲折，靡不精到”，对自己没去过的“涨海之东南，沙漠之西北，诸番异域，虽朝贡时至，而辽绝罕稽，言之者既不能详，详者又未必可信，故于斯类，姑用阙如”。他这种实事求是的科学态度当之无愧是科学家的典范（参考《中国通史》卷八）。

吴全节后来在大都担任玄教大宗师时，想让朱思本接替自己在大都发展，但是朱思本对高官厚禄始终不动心，至治二年（1322），他离开大都回到江西玉隆宫，此后一直过着隐居生活，直到病逝。

江西玉隆宫

3. 标绘南海诸岛

南海诸岛在古代有“万里石塘”之称，元代著名民间航海家,南昌人汪大渊在他所著《岛夷志略》中对“万里石塘”有详细记载，而且首次对南海的地质结构进行了说明。如南昌大学教授萧德齐所说：“朱思本的《舆地图》完善了中国制图的‘计里画方’之法，并系统地使用图例符号，使得这份全国性大地图成为后世从元至清绘制地图的范本，其作用与意义重大。但最大的意义还在于地图中总结了中国历代地理学家和航海家甚至于民间的实践经验，标绘了南海诸岛，使之成为我国拥有南沙群岛主权的历史证据。”明代时，有人根据郑和最后一次下西洋的路线，在借鉴《岛夷志略》《舆地图》的基础上，绘制了一副《郑和航海图》。作为海上丝绸之路的航海图，《郑和航海图》把南海诸岛分为“石塘”（现在的西沙群岛）、“石星石塘”（现在的中沙群岛）、“万里石塘屿”（现在的南沙群岛）。后来明代罗洪先的《广舆图》再次将南海诸岛标绘为中国领土并流传至今。

萧德齐说：“朱思本等人绘制的南海诸岛及其海域的南海地图，为维护我国南海疆域主权，提供了历史的、真实的、科学的依据，和700年前的实物证据”，“古《舆地图》《广舆图》《岛夷志略》以及明代吉水陈诚《西域行程记》的记录，是江西古代地理学家、航海家为‘一带一路’建设增光添彩的重要物证”。

另外，《舆地图》以及以此为祖本绘制的其他地图，顺应了元、明、清江西经济的发展。江西地区的丝绸、茶叶、瓷器等物产资源，通过地图明确了行走方向和道路，汇集泉州、西安等地，不仅是行销国内，还远销海外，把我国的文明友好带到世界各地，同时也丰富了丝绸之路的文化内涵，有力地证明了江西是我国古代丝绸之路的重要商品基地，也证明了有特色的地方经济在古丝绸之路中的历史地位与渊源。

延伸阅读

元朝的中缅文化交流

进入13世纪后半叶，中缅关系急转直下，濒于崩溃的缅甸蒲甘王朝与中国新兴的元朝之间先后发生了3次战争。据缅甸貌丁昂撰写的《缅甸史》记载，第一次是因为1271年元朝皇帝忽必烈通过云南宣慰司遣使缅甸蒲甘王朝，要求那罗梯诃波帝王归附纳贡。那罗梯诃波帝王不听大臣们的劝告，囚禁并杀害来使。1277年，缅甸人侵入中国云南干额、金齿地区，元朝遂出兵1.2万人，缅甸军队有战象2000头、骑兵和步兵6万人参加了战斗。战役开始缅军用象队冲锋，多次击溃了元军的进攻。但是深谋远虑的元军将领选择有利地形，当缅军象队进攻时退入密林之中下马，而后拔箭怒射其象，几乎箭箭射中缅军战象，缅象军溃退，践踏自己军队无数，元军上马乘胜追击，锐不可当，缅军大败（参见觉岱博士：《缅甸联邦史》）。第二次战争是在至元二十一年（1283）年底，忽必烈动员四川、湖南两省大军，以相吾答儿亲王为统帅，大举进攻缅甸。此次战役中，缅甸额昌羌（又译牙嵩羌）失守。额昌羌战役是改变缅甸历史的一次战役。此后元军又占领缅甸北部要塞太公城，进而攻进高辛，缅王那罗梯诃波帝如惊弓之鸟，仓皇逃窜，从蒲甘逃到下缅甸卑谬一带，苟且偷生，最后元军于至元二十四年（1287）一路攻占缅甸首都蒲甘，把整个缅甸北部纳入自己的统治范围，成立“缅省”。元朝时期中缅第三次战争是在大德四年（1300）。至元二十四年（1287）蒲甘削弱以后，缅甸出现了掸族3兄弟，原系一位掸邦崩那咖侯的3个儿子，在敏晒（木连城）一带很有影响。那罗梯诃波帝王时负责叫栖莱顿县的守卫，利用与王室成员的婚事提高自己的地位，壮大自己的势力。蒲甘王乔苴视他们为威胁，于是派其子向元朝求援。元成宗铁穆耳承认乔苴为缅甸国王，并赐掸族3兄弟中国封号。大德三年（1299），掸族3兄弟在敏晒把乔苴软禁，其子急向元朝求救。大德四年（1300），元朝出兵干预，包围敏晒，久攻不下。由于天气炎热，疟疾流行，加上掸族三兄弟贿赂，元军不攻自退。大德七年（1303），元朝撤销缅省建制，元朝与缅甸恢复友谊，两国关系转为正常。

元朝时期中缅关系虽然经历了3次战争，给中缅两国人民带来了灾难，但是，从某种意义上讲，战争也促进了中缅之间的文化交流。首先，战争促进了中缅两国的官方关系，进一步加深了相互了解。至元二十三年（1286），元军攻进太公城，那罗梯诃波帝王弃离蒲甘逃到下缅甸卑谬避难，闻雨季过后元军还要进攻缅甸，急忙派遣以高僧信第达巴茂克为首的和谈团赴元大都（北

蒲甘

京）与忽必烈和谈。这次和谈是中缅关系史上的一次友好往来。信第达巴茂克高僧于 1286 年出发，1287 年抵达元大都。忽必烈隆重欢迎，并解释随军进攻缅甸的僧侣“非为战事，乃为宗教也”。信第达巴茂克高僧接过话头，因势利导，做了一段情深理正、掷地有声的陈述。信第达巴茂克高僧禀道：“大王所遣兵士与僧侣，现已进抵敝邦中部。他们惟食大米而能生存。大米，岂非国家繁荣之根本？当今僧伽佛徒为避战祸兵燹，别离乡井，逃离都邑，已无人农耕矣。无人农耕，当无大米焉。军士兵卒不吃大米，仅食糖粽，势必腹痛难忍，焉能不致非命乎？若见兵卒死命，僧侣必莫敢进，而将于争相逃命之中圆寂。倘若如此，何能成全大王圣计？园农靠耕耘而使径叶长发，使芽茎不致凋萎，作物结出果实，可待享用。故恳请大王浇耘‘担泊’（蒲甘古称）之花！敝邑虽小，宗教高尚。大王非为虔诚的佛徒乎？如若，则不应亵渎佛祖释迦牟尼之圣教。大王战胜之国，数多地广。担泊，虽区区小国，但圣教香盛，赢得菩萨的普爱。恳请大王，且罢遣兵。庶辈乃将务农。姑且等待收获之后再来！”（缅甸《蒲甘碑文》，译文转引于王介南、王全珍:《中缅友好两千年》，德宏民族出版社，1996 年版）信第达巴茂克高僧以崇高的佛教德行、干练的外交才能和杰出的口才说服了忽必烈停止进军蒲甘。缅王那罗梯诃波帝重赏信第达巴茂克高僧，高僧把国王所赏全部布施给蒲甘敏加拉佛塔（吉祥塔），并将自己出使元朝的经过镌刻在《信第达巴茂克碑铭》上。在此碑文中，信第达巴茂克将中国称为“德卢”，德卢是蒙语译音，是由蒙语的“达鲁葛”或“达鲁花赤”的对音，因为在缅语中,R 与 Y 可以转换,因此现在变成了“德由”。从此，缅甸人称中国或中国人为“德由”(参见缅甸《新仰光报》，1955 年 8 月 10 日)。

元朝时中缅发生的战争促进了中缅的佛教交流。在《信第达巴茂克碑铭》中，还记载了至元二十三年（1286）忽必烈派遣他的王子雪雪的斤率领元朝大军进攻缅甸时，随行有一个由两位法师率领的 70 个寺庙的僧侣组成的僧侣使团，入缅后驻于太公城。很明显，忽必烈欲用佛教力量征服缅甸，而缅甸也恰恰选派以信第达巴茂克高僧为首的使团出使元朝，也希望用佛教说服元朝。这在客观上可以说是中缅佛教的交流。

元代的中缅战争促进了缅甸的农业生产。大德四年（1300），第三次中缅战争时，统率元军的云南参知政事高庆等人拒不执行元朝对缅作战命令，率领军队协助当地缅人解除旱灾抢修水利灌溉工程，并且挖出一条顶兑运河。这些由元朝军队开凿的水利工程至今仍然对缅甸农业的发展发挥着重要的作用。

元代的中缅战争促进了两国的军事交流。缅甸从中国元朝军队学习了不少作战方法和军事技巧。当信第达巴茂克说服忽必烈从缅甸撤军，结束第二次中缅战争时，掸族首领僧哥速曾在庆功会上即席吟诗一首，诗中描绘了元军精于弓箭的情景。诗中写道："秦人来自山径兮，怒吼兮怒吼；弩箭密如暴雨兮，奔流兮奔流。"这首诗被缅甸文学界列为缅甸文学作品选读。

在缅甸蒲甘江喜陀寺内的壁画中至今还保存着元朝军队的"司鹰官"，蒙语中称为"昔宝赤"的元朝军官穿靴戴帽，手持一只小鹰的画像，以及另一幅元军士兵张弓射矢的壁画，这是缅甸蒲甘文化中反映中缅文化交流的珍贵文物。

据初步统计，终元之世，缅甸至少有 13 次遣使至元朝，元朝遣使至缅甸有 6 次，频繁的使节往来不仅加深了中缅两国政治上的联系，同时也促进了中缅两国的经济和文化的交流。至顺元年（1330），元朝在缅北木邦设立宣慰司；至元四年（1338），元朝在曼德勒西南邦牙等处设立宣慰使都元帅府并总管府，元朝对缅北的经营管理，带去了先进的管理制度和生产方法，促进了当地的经济和文化的发展。伴随着中国行政省份在缅甸的建立，中国的历法、天文、节气、干支、纪年、五行、七曜日、十二生肖等也曾在缅甸流行，对缅甸文化以及农业生产的发展起到了推动作用。

元朝时，中缅之间的陆路和海路交通日臻完善。陆路自元宪宗三年（1253）元军占领云南以后，就着手建立驿站。至元十六年（1279），已经在古滇缅道上的金齿、蒲缥、曲腊、缅甸界内，“即立站递，设卫送军”，使滇缅古道上驿站畅通。元贞三年（1297），元朝又根据缅方的要求将驿站延伸至缅甸北部地区。大德四年（1300），元朝又“增云南至缅国十五驿”，使滇缅古道日渐完善。此外，元朝期间，中缅海上交通也得到了发展。元朝航海家汪大渊在《岛夷志略》中记载了中国船只到过下缅甸的针路（今丹老）、淡邈（今土瓦）、八都马（今莫塔马）、乌爹（今勃固）等地，以中国的丝绸、瓷器、乐器、金银、铜铁换取缅甸的特产象牙、胡椒、稻米等。中国的丝绸和瓷器的传入对缅甸的传统服饰文化和生活习俗产生了影响，而缅甸八都马产的“重者百余斤，轻者七八十斤”

的象牙是中国传统工艺品“牙雕”的珍贵原料。贸易的发展还促进了货币的交换。元朝期间，中国的“中统钞”币制通过贸易传入缅甸，缅甸当时的货币海贝也传入我国云南，计算海贝的“四四五”的进位法也从下缅甸传入我国云南一带。中统钞和海贝可以互相兑换，并有一定的比率。除此以外，元朝时期，中国赴缅经商的人由于缅甸生活容易，“故贩其地者十去九不还也”，成为我

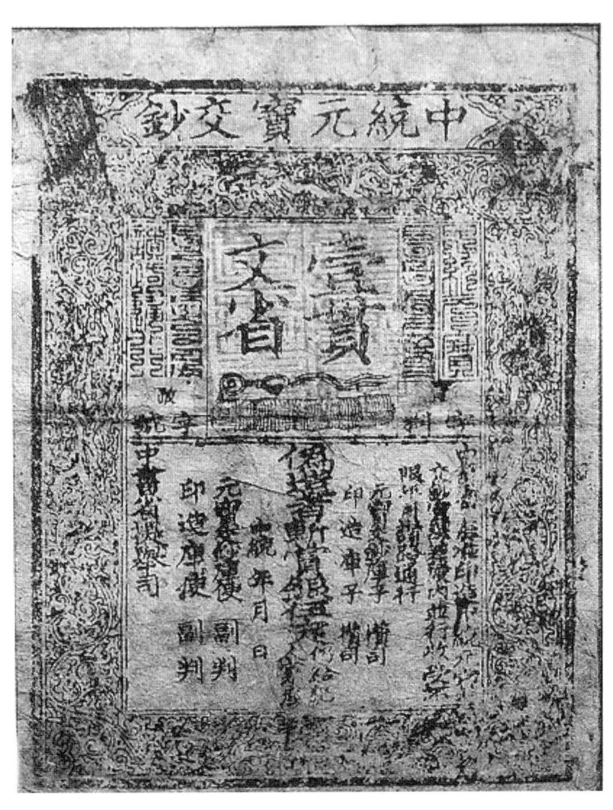

中统钞

国移居缅甸的华侨。旅缅华侨的产生使中华文化对缅甸的传统文化产生了极大的影响，在生活习俗、宗教信仰、语言等各个方面都有体现。

杰出的维吾尔族航海家——亦黑迷失

亦黑迷失（生年不详，卒于1312—1320年间），又译也黑迷失、也里迷失，维吾尔人,元代航海家,曾任元世祖宿卫。至元九年（1272年）开始，他历时20年，数次率领船队访问东南亚各国，促进了元朝和东南亚地区各国的经济、文化交流，如他到达和访问过的地方有占城（今越南河静、平顺两省部分地区）、僧伽喇（今斯里兰卡）、马巴尔（今印度科罗曼德尔）、爪哇等地。因为不辞辛苦4次渡海远洋航海做出的巨大贡献和成就，他得到元世祖的赏识，被赏赐玉带，并封他为资德大夫，授予江淮行尚书左丞、行泉府太卿的职位。至元二十九年

（1292），亦黑迷失在担任福建行省平章政事时，他的副将史弼在入侵爪哇的战役中不幸兵败，他也一起削职获罪。至大三年（1310），他被封为集贤院使，负责会同馆的事务，后来他告老还乡，回到老家，元仁宗念其多次出使之功，封他为“吴国公”。

1. 出使南洋

黑格尔在他的《历史哲学》一书中称，虽然他对海洋并没有影响到中国文化的发展感到遗憾，但仍然不得不承认：中国古代的航海相当发达。的确，中国不仅是一个具有 5000 年历史的文明古国，在历史上还是一个海洋强国。在中国海洋文化发展史上，镌刻着无数航海人不懈努力的丰碑。秦代的徐福东渡，三国吴的朱应、康泰的南海之行，唐代的鉴真东渡，以至后来的汪大渊远航和郑和下西洋，无不显示出古代中华民族向海洋进军的超人气魄。而元代维吾尔族航海家亦黑迷失的四度远航，无疑为这段历史留下了令人骄傲的一页。

亦黑迷失曾四度出海，远至南洋诸国。他精通爪哇语，为元朝与南洋诸国的沟通搭建起桥梁。他的大半生都在海洋中度过。他的屡次出海壮举，成为中国开拓海洋文明的重要历程，他也因此而名垂青史。

元太祖元年（1206），44 岁的蒙古酋长铁木真被推举为大可汗,称“成吉思汗”,意为“拥有四海的统治者”。人类历史上最大的帝国——蒙古帝国，在他和他的子孙们的不断征战与扩张中,成为横跨欧亚大陆的空前帝国。1265 年，即元世祖忽必烈至元二年，亦黑迷失走进了这个庞大的帝国，成为忽必烈的宿卫官，开始了跌宕起伏的宦海生涯。

元世祖忽必烈建立帝国后，建都北京，成为蒙古汗国唯一的宗主。然而，元帝国向外扩张的脚步并没有停止。13 世纪下半叶，南洋诸国与蒙古帝国有着密切的商贸往来。为招抚南洋国家，至元九年（1272），忽必烈命令亦黑迷失组建船队，出使南洋。这一年，亦黑迷失率领一支规模可观的船队，从福建泉州出发，第一次踏上了出使南洋的航线。这支船队在大海中历经艰辛，整整两年之后，才经由南洋的许多国家和地区，最后抵达了菲律宾群岛上的八罗孛国。亦黑迷失的首次出海，积累了丰富的航海经验，初步建立了元朝与南洋诸国的外交联系。他仔细考察了途经诸国和地区的地理及风土人情等概况，为元朝与这些国家的进一步交往奠定了基础。

亦黑迷失首次出使，表现出色，受到忽必烈的赏识。1275 年，即至元十二年，为进一步密切元朝与南洋诸国的外交往来，忽必烈再次任命亦黑迷失为外交特使，出访八罗孛国。此次出访，对亦黑迷失来说已经是驾轻就熟。相较于第一次的冒险来说，这次出访经验丰富了许多，沿途航行也顺利了许多。他以和平使者的身份，给八罗孛国的君主赠送了丰厚的礼物，表明了元朝与当地和平交往的诚意。亦黑迷失的真诚，获得了八罗孛国政府的信任。该国君主当即表示，为答谢元朝的慷慨，将派出国师携带名药回访中国。亦黑迷失返航，八罗孛国的国师也搭乘他的船只来到元朝。

亦黑迷失的前两次出使，更多地是为了满足忽必烈对异国奇珍的嗜好，并无重大的政治使命，但客观上加强了元朝与南洋诸国的联系，此后，各国与元朝的贸易往来更加频繁。

两次出海返航后，亦黑迷失晋升为兵部侍郎，进入中央军事首脑机关。此时已经是 1277 年。在任期间，他励精图治，功勋卓著，4 年后，擢升为荆湖、占城等处行中书省参知政事，主管占城方面的事务。

2. 完成多种使命

至元二十一年（1284），亦黑迷失第三次出海航行，此行的目的地是僧伽剌国，即今斯里兰卡，此行主要是为了参拜佛钵舍利。亦黑迷失的船队浩浩荡荡地在海上巡游，经印度支那半岛、马来半岛进入印度洋，最后抵达僧伽剌国，航程近 5000 海里。当年，船队返航。适逢元朝发动远征安南（今河内以北、以西地区）的军事行动，亦黑迷失被任命为参知政事，领镇南王府事，主持这次远征行动。3 年后（1287），镇南王脱欢带领元军远征安南。这次远征受到了安南国的坚决抵抗，元军遭受重创。作为镇南王的幕僚，亦黑迷失运筹帷幄，机智勇猛投入战斗，并帮助脱欢冲出了安南军队的重围，最终得以脱险。这次远征历时近 3 年，以元军的失败告终。

远征安南失利，忽必烈大为震怒，剥夺了脱欢的爵位，而亦黑迷失则被惩罚性地派往马巴尔国（今印度半岛南部）迎取佛钵舍利。亦黑迷失的这次航行航程比前一次更远，海上波涛汹涌，天空风起云卷，大风浪不断袭击着航船。面对如此险象环生的境地，亦黑迷失沉着冷静，凭着多次出海的丰富经验、坚强不屈的毅力和卓越的指挥才能，终于使船队化险为夷，船队在海上漂泊一年后，安全抵达了马巴尔国。

这次航行，亦黑迷失出色地完成了忽必烈授予的宗教使命，不仅迎回了佛钵舍利，还在当地遍寻名贵药材和檀香木等珍贵木材，私下大批购买，回国献给了忽必烈。忽必烈大喜，“悯其劳”，赐给他玉带、鞍辔和衣物。亦黑迷失不仅官复原职，还被授予资德大夫，遥受江淮行尚书左丞，行泉府太卿的官爵。

在十多年的时间里，亦黑迷失连续四次远航，历经无数艰难与险阻，沟通了元朝与南洋诸国的关系，增进了各国间的互相了解与信任，使得当时经泉州中转的海上丝绸之路进一步繁盛起来。泉州也成为元朝与海外交流的一个重要窗口，盛极一时。

3. 南征爪哇

亦黑迷失的数度出使，使元世祖忽必烈认识到南洋诸国的富庶与强盛。为满足扩张野心，实现征服欲望，至元十五年（1278）三月，他下诏设立了福建行省，该行省的主要任务之一就是招抚海外各国。当时，爪哇（今印度尼西亚爪哇岛）杜马班王朝国王哈里葛达那加剌称雄南洋，与中国贸易往来频繁。所谓“擒贼先擒王”，于是爪哇成为大元帝国招抚南洋诸国的首要目标。在忽

爪哇国遗迹

必烈的战略指挥下，元朝积极采取措施，加强了与爪哇的外交联系。

13世纪的元朝，是一个军事上的强大国家，在初年处理对外关系时，总是一种恃强凌弱的姿态。至元十六年（1279）和十七年（1280），元朝两次遣使爪哇，以此努力试图招抚海内外各国。爪哇亦曾回派使节表示通好。但忽必烈恃强要求爪哇国王亲自来大都朝觐，爪哇国表示拒绝。此后，元朝又先后两次遣使招抚爪哇，但都没有效果。元朝廷未达目的耿耿于怀，不断伺机报复。至元二十六年（1289），爪哇国王为对元朝表示抗议，将元朝使臣孟琪黥面（一种刑罚，在脸上刺字或记号并涂墨）送还国内。忽必烈大怒，即派元军讨伐，誓报爪哇之辱。亦黑迷失由于精通爪哇语，成为这场远征作战的水军统帅。

至元二十九年（1292）二月，忽必烈任命亦黑迷失、史弼、高兴等为福建行省平章政事，集结2万精兵、战舰1000艘，备军粮1年，发动了南征爪哇的战争。十二月，史弼、亦黑迷失等率领的远征军从泉州出发，经七洲洋、万里石塘、安南、占城，于次年二月十三日抵达爪哇杜并足（厨闽）。然后"分军下岸，水陆并进"，进攻八节涧（泗水）。

当时，爪哇内乱，杜马班王朝政府的邻国葛朗国（谏义里）王室后裔查耶卡班因不满爪哇国王哈里葛达那加剌的统治，兴兵反抗。两国交战，哈里葛达那加剌被杀死，其女婿拉登·韦查耶（又称土罕必阇耶）逃到麻喏八歇，积聚力量，伺机反攻。

元军一路挥师南下，势如破竹。三月一日攻占了八节涧，水陆两军在此会师。韦查耶趁机假意表示向元军归顺，并承诺奉献领土和葛朗国图籍等，请求元军帮助复仇，进兵葛朗国。亦黑迷失、史弼等人接受了这一请求，派兵增援麻喏八歇。在元军的援助下，葛朗军在麻喏八歇、答哈等地遭到重创，主力被歼灭，查耶卡班投降元军。元军大获全胜,乘胜追击,先后征服南巫里（今苏门答腊岛中部）、速木都剌（今苏门答腊岛中部以外其他部分）、不鲁不都、八剌等岛国。

葛朗国的威胁已经消除，拉登·韦查耶以归营取归降表和朝贡礼品为由，请求离开元军大营，史弼等派兵护送。不料，拉登·韦查耶恩将仇报，杀死护送元兵，集结军队，突袭元军大营。元军在答哈之战，疲惫不堪，元气大伤，此时尚未修整补充，只得且战且退。

拉登·韦查耶借刀杀人，精锐部队毫发无损。远征军与之多次交战，损失惨重。主帅史弼、步兵将领高兴主张撤军回国，亦黑迷失则坚持请示忽必烈。但由于远征军处境日渐困难，尚未来得及请示忽必烈，就已经节节败退，被迫撤离，于四月二日登舟回国。回国途中，元军再次遭受拉登·韦查耶背信弃义的堵截，造成元军官兵死亡达3000多人。

远征军擅自撤军，忽必烈颜面尽失，大为震怒。史弼、高兴受到严惩，亦黑迷失由于提出请示主张，惩罚稍轻，此后被免去军政大员要职，以荣禄大夫、平章政事的身份被任命为集贤院使，做了一名徒有虚名的闲官。元皇庆元年（1312），元仁宗加封他为“吴国公”。

蒙古的宗主们大多信奉佛教，亦黑迷失曾数度出海，迎取佛钵舍利。元延祐六年（1319），福建泉州立起了高350厘米、宽115厘米，由页岩雕琢而成的“一百大寺看经碑”【此碑碑文由亦黑迷失在元廷祐三年（1316）撰写】，推动了印度佛教在元朝的传播和交流。

亦黑迷失数度出海，出生入死，历尽艰辛，宦海生涯起伏跌宕，酸甜苦辣备尝。作为我国历史上的第一个维吾尔族航海家，他的屡次海外航行，沟通了元朝和海洋诸国的联系，为中西文化交流做出了不可磨灭的贡献。

延伸阅读

宋元时期的地文航行技术

华夏民族对本土之外海陆大势之认识，早在春秋战国时期已初露端倪，如《山海经》中即有“海内经”与“海外经”之叙述,邹衍也提出过“内九州”与“大九州”之学说。尽管它们因带有神话色彩而曾被视作荒诞不经，但随着秦汉以来航运业的发展，这种广阔的地理观渐为人们所接受，并成为航行探险的思想策源之一。到宋元时期，由于航运活动空前活跃，人们的航运地理观念又得到了进一步的明确与发展。

宋朝虽沿袭前朝，将从东南亚至东非的广大亚非地区通称为“海南诸国”或“南海诸国”，但是对其具体内涵已开始有了较为明确的认识。如《岭外代答》卷二“海外诸蕃国”条载：“诸蕃国大抵海为界限，各为方隅而立国。国有物宜，各从都会以阜通。”它对海南诸国的航运地理中心地区作了说明：“正南诸国，三佛齐其都会也。东南诸国，阇婆其都会也。西南诸国，浩乎不可穷，近则占城、真腊，为窊里诸国之都会；远则大秦，为西天竺诸国之都会，又其远则麻离拔国为大食诸国之都会，又其外则木兰皮国为极西诸国之都会。”又对上述地区的海陆态势作了说明：“三佛齐之南，南大洋海也。海中有屿万余，人莫居之。愈南不可通矣。阇婆之东，东大洋海也……愈东则尾闾之所泄，非复人世。稍东北向，则高丽、百济耳。西南海上诸国，不可胜计,其大略亦可考。姑以交趾定其方隅。直交趾之南，则占城、真腊、佛罗安也。交趾之西北，则大理（今云南省和四川省的西南部）、黑水（约在中国西南部）、吐蕃（今青藏高原）也。于是西有大海隔之，是海也，名细兰。细兰海中，有一大洲，名细兰国。渡之而西，复有诸国：其南为故临国；其北为大秦国、王舍城、天竺国。又其西有海，曰东大食海（今阿拉伯海），渡之而西，则大食诸国也。……又其西有海，名西大食海（今地中海），渡之而西，则木兰皮诸国凡千余；更西则日之所入，不得更闻也。”由此可知，宋人的航运地理观念已相当清晰，与唐代贾耽的“广州通海夷道”相比已大有长进。

贾耽像

到了元朝，进一步将“海南诸国”这一庞杂的地理概念，划分为东、西洋，有的文献如陈大震的《南海志》，则更细分为小东洋、大东洋、小西洋等。综观元代有关著作可知，当时的东洋、西洋，是以龙牙门的水道（今马六甲海峡）为界的，此界以西为西洋，此界以东为东洋。在西洋水域（北印度洋）中，似以印度半岛南端故临为界，其西的阿拉伯海、波斯湾、红海、东非沿海等称西洋（或大西洋）；其东的孟加拉湾称小西洋。在东洋水域（西太平洋）中，又以渤泥为界，其以西称大东洋，其以东则称小东洋。

同时，宋元时期，对沿海及较近的南海水域也有更具体的区别。如在沿海中，有白水洋、青水洋、黄水洋、黑水洋、莱州洋等名称；在南海中，有七洲洋、昆仑洋等名称。此外，在民间尚有“上、下岸”与“深番”“浅番”之分。“上、下岸”，是“以真腊、占城为上岸，大食、三佛齐、阇婆为下岸”（赵汝适:《诸蕃志》卷下，“沉香”条）。周去非在《岭外代答》中曾举例说明，即“阇婆国，又名莆家龙，在海东南，势下，故曰下岸”。实际上“上、下岸”及“深、浅番”之分，是以航程近远、海域浅深为度，“上岸”或“浅番”基本上指近海航行，而“下岸”或“深番”则大都为远洋航行。

1. 地文导航技术

地文定位是最古老的航行技术之一，然较之前代，宋元航行者在这方面的认识又进一步深化。他们在反复的实践中，已能对各种“海中之地”因其形势不同而赋以相应的地理概念。如徐兢就将人类可合聚落户的大块陆地称为“洲”；将比“洲”小，但仍可居住者称为“岛”；将小于“岛”者称为“屿”；将小于“屿”，尚可生长草木者，称为“苫”；而将纯由岩石构成的不毛之地，称为“礁”（徐兢《宣和奉使高丽图经》卷三四）。

在区别这些不同概念“海中之地”的同时，他们还能依据个别的外形，睹物状名，使陆标判认趋于具体，并出现了对景定位技术。例如，在徐兢的《宣和奉使高丽图经》中，每每都能读到这样的实录：“海驴礁，状如伏驴”，“远望三山并列，中一山如堵，舟人指以为排岛，亦曰排垛山，以其如射垛之形”，“槟榔礁，以形似得名”。在汪大渊的《岛夷志略》中，也不乏这样的笔触：“兹山（指尖山）盘踞于小东洋，卓然如文笔插霄汉，虽悬隔数百里，望之俨然”，“（龙牙菩提）环宇皆山，石排类门”，“（昆仑）山高而方根盘几百里，截然于瀛海中，与占城、西竺鼎峙而相望”。

值得指出的是，从元朝开始，已在浅险航道上设置人工陆标，来帮助海员定位。至大四年（1311）十二月，常熟船户苏星因粮船在长江口甘草一线搁浅，遂建议“立标指浅”，并用自己的两艘小船抛泊在西暗沙嘴，竖立旗缨。这一建议，经海道府会集海运千户殷忠显、黄忠翌等认可，即“晓谕运粮船户，起发粮船，务于暗沙东、苏星渔船偏南正西行驶，于所立号船西边经过，往北转东，落水行驶至黄连沙嘴抛泊”。还规定：“如是潮退，号上桅上不立旗缨，船只许抛住，不许行使（驶）。”由于西暗沙嘴航标“于官有益，于民有便”，因此，接着又在其他几处险浅航段也设立了人工陆标。延祐元年（1314）七月，根据船民袁源等人的建议，在长江下游江阴水道巫子门等 9 个“潮长则一概俱没，潮落微露沙背”的“浅沙暗滩”处，驾船立标，指引粮船。延祐四年（1317）十二月，为解决粮船由渤海湾转入直沽海口时“无所卓望，不能入河，多有沙漏淤泥去处，损坏船只”的难题，决定“设立标望于龙山庙前高筑土堆，四傍石砌，以布为幡，每年四月十五日为始，有司差夫添力竖起，日间于上悬挂布幡，夜间悬点火灯”，以便“运粮海船以瞻望”。这些固定与浮动航标的设置，是元代及其以前千百年来航海者对经验教训的总结，它不但对于航行安全起着有效的保障作用，而且也说明了元代的地文定位技术已从由单纯地利用天然地物的被动状态，发展到制造人工陆标的主动状态。

2. 航路指南

宋元人不但能依据熟悉的陆标来确定船位，而且能注明船舶安全通过的航道或锚泊的场所。这表明至迟在 12 世纪，华夏民族就有了叙述性的航路指南。如宋代航海文献中就有这样的记录：“过虎头山，行数十里，即至蛟门，大抵海中有山对峙，其间有水道可以通舟”“洋中有石，曰半洋礁。舟触礁，则覆溺，故舟师最畏之”，“黑山”，“初望极高峻，逼近见山势重复，前一小峰，中空如洞，两间有溪，可以藏舟”，“双礁，……后一山颇小，中断为门，下有暗焦（礁），不可通舟”（徐兢《宣和奉使高丽图经》卷三四、卷三五）。

元朝时，航路指南已经很具体，这些指南都会准确、详细地记述有关危险物、安全航路、海上航程、航行方法等方面的内容，使航海者有了更大的自由度和更多的主动权。例如，国内北洋航行的路线上，成山角是主要的拐向转航点，在航路指南的帮助下，元朝的航海者当时就已经能安全地渡过“黑水洋”“北洋官绿水”等一些多暗礁、浅滩的水路了。又如“芝罘岛，东北有门可入”，“沙门岛东南有浅，可挨深行使（驶）。南门可入；东边有门，有暗礁二块，日间可行。西北有门，可入庙前抛泊”。诸如此类，不胜枚举。在远洋航行方面，同类的航路指南文字也屡见不鲜。例如：“上有七州，下有昆仑，针迷舵失，人船孰存”；湄公河口，“港凡数十，惟第四港可入，其余悉以沙浅，故不通巨舟”；澎湖列岛，“岛分三十六”，其中可锚泊者“乃有七澳”，“急水湾”，“湾居巴绿屿之下。舶之时月迟延，兼以潮汐南北人莫能测，舶洄漩于其中，则一月莫能出”，“舶往西洋，过僧伽剌傍，潮流迅急，更值风逆，辄漂此国（指北溜）。候次年夏东南风，船仍上溜之北。水中有石槎牙，利如锋刃，盖已不完舟矣”。由此可知，元代航行者对于这些航区的各种态势与航法，都已相当熟悉了。

3. 航用海图

航用海图是根据海上活动需要而绘制的专用地图。在海图上，一般能反映出一定水域的地形地貌、水文要素、定位条件及其他与航行有关的资料和说明。但可以设想，早期的海图，也许是航行者信手画下的极其简略的航路、海岸或岛屿的非常粗糙的轮廓，并以此作为航行的大致提示与参照。由于这种原始、简陋的海图作为"舟子秘本"，一般匿而不宣，鲜为人知，加上海上条件恶劣，风吹浪浸，极易散失，难于流传，故目前尚无法准确断定其最早问世之时限。但可以有充分理由认为，至迟到宋朝时期已使用海图，因为在这方面有了明确的记载。如北宋咸平六年（1003），广州地方官曾向朝廷进呈《海外诸蕃图》(《续资治通鉴长编》卷五四），宣和五年（1123）徐兢奉使高丽时，曾在"神舟所经岛洲苫屿而为之图"；南宋时，赵汝适也曾"阅诸藩图"。令人遗憾的是，这些海图早已流失，难识其貌。

到元朝时期，航海图的应用更为普遍。据史载，早在元军南下攻宋时，著名学者金履祥就"进牵制捣虚之策，请以重兵由海道直趋燕蓟，则襄樊之师，将不攻而自解，且备叙海舶所经。凡州县及海中岛屿，难易远近，历历可据以行。宋廷臣不能用。伯颜师入临安，得其书及图，乃命以宋库藏及图籍仪器由海道运燕京。其后，朱清、张瑄献海漕之策，所由海道，视履祥图书咫尺无异”（《新元史》卷二三四）。由此可见，早在宋末元初，北洋航区的海图已广泛用于民间。又据明《海道经》附录的《海运以远就近则例之图》中记述，元海道都漕运万户府，还曾“推究地理远近，将船户湾船处及装粮路分，通画图书，明白标写去处里路”，并在延祐七年（1320）九月“著为定式，刻之于石，使久而不得湮没”。这块珍贵的石刻，在《海道经》问世时还存在，只是“缺字石损候补”（《海道经》），然历经沧桑，现已荡然无存。

金履祥像

不过，庆幸的是，明代的《海道经》中尚保存了一卷元人底本的《海道指南图》，这是目前所见的中国古代航海图中最早的一幅。它的范围包括长江下游与整个北洋，所绘示意航路，东南起自浙江宁波与江苏南京，然后出长江沿苏、鲁海岸北上，并以山东半岛成三角中心点衍射，东北至辽南海岸，北至辽海营口，东至渤海湾海河口。全幅海图一字排开，未标经纬度，沿江岸与海岸按顺序表列各处港口、岛屿及锚泊场所共61个，并分段用“正东”“正南”“正西”“正北”“西南”等标明方位，“在成山头附近的咀海卫”岸线旁侧，还注有“白蓬头激浪如雪”“见则回避”的航路指南文字。图上尚未见到有如明代《郑和航海图》中对海岸景观的描绘，这可能是由于北洋一线已为船户所熟悉，仅写地名已足以导航。这份古航海图应为当时船户在北洋漕运中所习用，是研究我国古代航运史的极为珍贵的资料。

改变世人穿衣风尚的布业始祖
——黄道婆

黄道婆（1245—1330），又称黄婆或黄母，松江府乌泥泾镇（现上海市徐汇区华泾镇）人，宋末元初著名的棉纺织家、技术改革家。她出身贫苦农家，少年时受封建家庭压迫流落崖州（今海南省三亚市），以道观为家，劳动和生活在黎族姐妹中，学会用制棉工具和制崖州被的方法。黄道婆在传授先进的纺织技术、推广先进的纺织工具上做出了巨大的贡献，受万千百姓敬仰，被称为布业的始祖。

1. 流落海南

棉布真正的兴起是从元代开始的，

黄道婆像

这与黄道婆有着密切的关系。据说，黄道婆命运悲苦，十二三岁被卖作童养媳，后来为了逃离公婆和丈夫的虐待，只身一人跑到了崖州（现海南省三亚市），靠向当地的百姓求助过活，学习了先进的纺织技术，在异乡待了近30年后，重回故乡，并将自己的纺织技术传授给人们……

事实上，上述说法是后人杜撰的，缺乏真实性，而真实的黄道婆史书记载较少，关于她的出生和幼年情况，都是没有记载的。但是她从海南学得纺织技术，改良后传播到中原地区，在这其中做出巨大贡献是十分确定的。因此到了清代，黄道婆就被后人尊称为布业的始祖。

13世纪中叶的南宋末期，黄道婆出生在松江府（现上海）一个叫乌泥泾的地方。当时，天下纷乱，社会动荡，百姓苦不堪言，再加上乌泥泾土地贫瘠，很多人为了谋生漂泊异乡，黄道婆也在此列。黄道婆在年少时就只身一人坐船至崖州，经历了诸多磨难。

当时的海南经济也并不是很发达，但是棉花的种植和织布技术确实相当了得，远胜于内地。现在很多学者认为，中国的棉花并不是本地产的，是外来传入的，是通过海上丝绸之路的传播和陆上丝绸之路的传播而来的。一方面来说，在一二世纪，从南洋传入云南、海南等地，那个时候居住在云南的“哀牢夷”，就已经织出“白叠花布”了,“白叠”也叫作“吉贝”,就是木棉；另一方面来说，是从西亚沿陆上丝绸之路传入新疆等地，五六世纪，在今新疆境内有一个高昌国,“白叠子”就已经被当地人广泛使用了，而且还用来进行贸易交换。

黄道婆乘船所到之地的海南，当地人以织布为生，且技术高超。当时的文献记载海南岛,说岛上的“夷人”没有城郭,以木棉为毯。黎人妇女从小就学习织布技术,还能织出一些受人喜爱的图案,深受商人欢迎。其中,“抉幅粗疏而色暗者”叫粗吉贝,“匹幅长阔而洁白细密者”叫慢吉贝,还有一种棉布中的上等品“绝细而轻软洁白,服之且耐久者”。由此可见，当时海南地区的棉布种类已经十分丰富了。

黄道婆到了海南岛后,经过和当地人长时间的相处,被黎人所接纳。黎人有一个规矩，即纺织技术是“传女不传男，传内不传外”的，因此，可以想象，黄道婆也是经历一番曲折才学到了纺织技术。

经过 30 年的学习，黄道婆已经完全掌握了纺织技术，这时，她开始思念故乡。日复一日，思乡的愁绪日甚一日，白发渐染。终在1295年左右，黄道婆搭船回到了心心念念的故乡乌泥泾。

2. 改良纺织技术

黄道婆回到家乡，此时已是元代，正值第二任皇帝铁穆耳继承皇位。忽必烈在位时很注重农业，提出了“国以民为本，民以衣食为本，衣食以农桑为本”（《元史·食货志》）的农本思想，并在长江流域大面积种植棉花的情况下，于元世祖至元二十六年（1289），设置浙东、湖广、江东、江西、福建木棉提举司，“责民岁输木棉十万匹，以都提举司总之”（《元史·世祖十二》）。

黄道婆的家乡乌泥泾恰有大面积的贫瘠土地，而黄道婆传入的棉花对土地的种植要求又不是很高，又逢朝廷政策支持，正解了乡亲们的燃眉之急。他们意识到，棉织品必定会大行推广，因为棉布舒适度更好，还因为人口的增多，大片田地被用来种植粮食了，所以种植棉花有很大的发展前景。

虽然有了棉花，但江南地区的纺织技术还很落后，又没有相关的制作工具，全靠一双手，效率低下，正好黄道婆带着先进的纺织技术回来了。

黄道婆改良了棉布纺织技术，这给当时的人们带来了极大的便利。去籽、弹松和卷筒是棉布纺织的3道关键工序，这3道工序做好了，纺织效率就能大大提高。黄道婆正是以此为改良突破口。

首先，她推广改进了踏车，这样可以更方便地去籽。她以铁、木二轴组成踏车，铁轴直径比木轴小，两轴转动速度不同，这样，当籽棉经过两轴时，受两轴挤轧，棉籽和棉花就能分离，这样棉花去籽能比手工快好几倍。

其次，在弹棉花这道工序上，黄道婆变一尺半的小弓为4尺多长的大弓，并加粗弓弦，采用棒槌击弦。这种弓弹棉花，效率得到极大的提高，一天即可弹棉

三锭脚踏纺车

花达六七斤。

第三，黄道婆改良了卷筒，她采用的新方法是用长达一尺多的无节细竹条去卷棉花，这也大大提高了效率。

接下来才可以进行纺纱。黄道婆也对当时落后的纺纱机械进行了改良，发明了三锭脚踏纺车。这种纺车脚踏速度快、产量多，是当时世界上最先进的纺织机器。

在织造方面，黄道婆在“配色”“错纱”“综线”“挈花”等环节也精巧构思，能够制作出各种图案，像画上去的一样，特别受欢迎。一时间，经过黄道婆的技术纺织出来的布匹名扬天下。

元代至顺元年（1330），为中国纺织技术的进步做出了巨大贡献、改变了世人穿衣风尚的布业始祖黄道婆去世。为了纪念她所做的巨大贡献，人们为她举办了隆重的葬礼，并为她立祠，年年祭祀她。黄道婆的贡献不但造福一方，还延及千秋后代。此后，松江府一度成为全国最大的棉纺织中心，这都得益于黄道婆的贡献。

3. 美丽的传说

后来，黄道婆的纺织技术通过丝绸之路传到了国外，在 15 世纪传入日本的椎弓，被日本人称为“唐弓”。元代诗人王逢录诗来赞美黄道婆的功绩："前闻黄四娘，后称宋五嫂。道婆异流辈，不肯崖州老。""崖州布被五色缫，组雾纠云灿若草。片帆鲸海得风归，千轴乌泾夺天造。"（元·王逢：《梧溪集》卷三《黄道婆祠》）还有上海流传的儿歌也是对其贡献的一种记录："黄婆婆，黄婆婆，教我纱，教我布，二只筒子两匹布。"

几百年来，对黄道婆的记载不是很多，毕竟她只是一个民间织布的巧妇。到了民国时期，黄道婆才被重新发现,成为中国具有科学贡献的先进人物代表。1937 年，黄道婆的故事被编入课本："道婆携种回江南，实行移植在田间。一人传十十传百，江南农家学种棉。道婆功劳自不休，至今人人还纪念。"到了 20 世纪 50 年代，黄道婆的故事被后人赋予了更传奇的色彩。

黄道婆在棉花的加工、纺纱、织造等环节的创新和发明，确实促进了江南的经济增长。南宋时期，国家的经济重心南移，黄道婆的纺织技术进一步创新，而这又极大地促进了社会经济的发展。黄道婆之后，中国人开始大量使用棉布，极大地促进了手工业、农业的发展。

黄道婆的发明创造，使棉布成为了平民百姓买得起的东西，不再属于上层人士的专属物品。从此，人们的穿衣风尚发生改变，以棉织物为主要的穿着用品。黄道婆虽然只被记录在课本和童谣里，但是其贡献一直造福着中华的子孙后代。黄道婆是中国科技史上为数不多的女性代表。

延伸阅读

大开放的元代交通

元代的统一，是五代宋辽金时期所梦想不到的对于辽阔疆土的大统一；元代的交通，是对汉唐大陆交通与两宋海外交通的综合与拓展。元代的海陆交通网覆盖了亚洲大陆的广阔地区，直达东欧与阿拉伯半岛，也覆盖了渤海、东海、南中国海，并直通孟加拉湾、波斯湾与红海一带，直通非洲东海岸。它使汉唐时代人们就向往着的与欧非人民的直接交往变成了现实。

元人疏凿了运河新线，又开通了最便捷的近海漕运线，促进了南北商品流通，活跃了东部经济。元政府在我国内地经营的驿路，为明清两代所直接继承。

随着蒙元势力的拓展，亚欧大陆东西方人员交流空前活跃。中国移民特别是各种工匠技艺人才出现在西伯利亚和乌拉尔山以西，出现在阿拉伯半岛与波斯湾，出现在印支及南洋各地，对那里的文明发展做出了重要贡献。而东来的西方使者、商团、教徒，也纷纷在中国内地与东南沿海定居，参与了中国的经济文化建设，不少人还参与了国家的行政管理，马可·波罗是其中的杰出代表。

元代交通的显著特色是放射面宽、设施配套、道路畅达，物资和人员交流幅广量大，信息交流更为快速。

13世纪的前半叶，蒙古族中相继出现了颇有作为的四汗：成吉思汗、窝阔台、贵由、蒙哥。他们统领蒙古各部崛起于阴山以北、大漠之间，以蒙古地区为大本营，东冲西荡，拼力开拓，军事势力极盛时期，曾直达东欧多瑙河畔，包括乌拉尔山、乌拉尔河东西、黑海里海南北；又南下攻灭了金政权与南宋政权，把包括南中国海在内的大片疆土纳入自己的版图。兵锋所至，驿站随置，道路贯通，运输不绝，自然形成，一种大辐射、大开放、大沟通的交通构架形成了。

1206年，蒙古民族领袖铁木真统一各部，创建了蒙古族的第一个奴隶制国家，被公推为“成吉思汗”，成为蒙古最高统治者。他以蒙古中部的和林为政治中心，到窝阔台时期，这里已建成为一个都会了。从和林放射出去的主要交通干线有帖里干道、木怜道与纳林道。据《史集》（中世纪著名世界通史，又名《集史》。原文为波斯文，波斯伊儿汗国宰相拉施特主持编纂，中译本由商务印书馆1986年11月出齐）记载，窝阔台时期，从汉地到和林之间，每隔 5 程便设一个驿站，共有 37 个驿站，每站由一位千户负责守卫。驿站备有牛马与大车，每辆大车要用 8 头牛来拉。每天有 500 辆大车满载食品和饮料（酒）从各地运往和林。

这个时候，在亚欧大陆，已相继建起蒙古四大汗国：在乌拉尔山东西，有地域辽阔的钦察汗国；在伊朗与阿拉伯半岛一带，建起了伊利汗国；在西伯利亚与蒙古本部，由窝阔台治理；在葱岭东西，帕米尔高原与新疆地区，建立了察合台汗国。成书于 13 世纪中叶的《蒙古秘史》有这样一段记述：窝阔台曾与其兄察合台及其侄拔都（钦

拔都像

察汗）共商是否从和林向各汗国开辟驿路的问题，得到察合台与拔都的热烈响应，他们都认为：“全国设立驿路，是一件极好的事情。”于是修建了钦察道。钦察道上设置了驿站，每站有驿马 20 匹，驿伕 20 名，其他驮车、挽牛、乳马都相应配备。窝阔台下令：驿站由千户掌管，要保证设备齐全足用，“如果缺少车辐，割去他半边鼻子”。钦察道从和林西北上，过唐努乌梁海、吉利吉斯去俄罗斯、索烈尔（波兰）和马札尔（匈牙利）。

中统元年（1260），忽必烈在开平（今内蒙古多伦）继任汗位。忽必烈是一位不仅具有杰出军事才能，而且具有远大政治眼光的政治家，继位之初，在中央设中书省，任汉人王文统为平章政事，在各地分设 10 路宣抚司，也任汉人儒士为使。然后发兵击败留居漠北、自称大汗的阿不里哥，又相继出兵辽、西夏，攻克大片疆土。至元八年（1271），他将国号改为“大元”。五代十国时代，是政权大分裂时期，宋、金、元等多个政权对峙多年，忽必烈于至元十六年（1279）灭了南宋后，将持续了 370 多年的五代十国混乱局面彻底清除，实现了中国历史上的空前大统一。随后，他定都大都，蒙古名汗八里，即现在的北京，以此作为多民族国家的中心。同时将开平命名为上都。元帝国成立之后，一面以朝廷中央的名义，与察合台、伊利、钦察和窝阔台蒙古四大汗国保持着相当的政治联系，以驿路相通联；一面将其直接统治的蒙古一部及原金政权、南宋政权与大理等地方政权统治的地区，统一划分为朝廷管辖的13个地方行政单位：一是宣政院辖地，管领着青康藏地区。其余为11个行中书省，简称行省：东北有辽阳行省；内外蒙有岭北行省；黄河流域有甘肃行省、陕西行省、河南行省；长江流域有云南行省、四川行省、湖广行省、江西行省、江浙行省和征东行省等，台湾属江浙行省，海南岛与南海诸岛属湖广行省，从汗八里（大都）到各行省首府有驿路相通，行省之间有驿路相连。在行省下，又设有两级地方政府：路、州、府和属州、属府与属县。比如腹里地这一省级区就有29个路、8个州、3个属府、91个属州、346个属县。从省府至各州府属县，也有大道相通。这样，在全国范围内就形成了中央、行省、州县三级交通网络，奠定了元、明、清三代交通的基本格局。

以大都为中心，通达四面八方的国家级干道主要有：

东北方向：从通州往东北，即经蓟州去辽阳行省。在辽阳分道通往本行省各路各州府，其中有一大道过鸭绿江通往朝鲜半岛。这是一条国际通道，隔海连着日本。

蒙古方向：分三条大道。有从大都向北经宣德去开平（上都）的民用道；也有从大都经缙山、望亡去开平的军用海青道；还有一条从开平北上，有纳邻道直达和林，这是蒙元初期建成的大道。

河套方向：从大都居庸关出发去大同可以到达河套

地区，再往西就是新疆境内的伊州（哈密），从天山北部过去，过察合台后王封地的仰吉八里（今新疆玛纳斯西部）、阿里麻里（今新疆霍城北）可以到达钦察汗国，最终能到里海北岸的克里木半岛，这条线路称为钦察道南线；前述从和林到俄罗斯、吉利吉斯、马札尔的路线为钦察北线。另外一条路线就是，从天山南部往西走，穿过葱岭，可以到达如今的阿富汗、伊朗，进入南亚和非洲地区，而这条路是元政府和伊利汗国的沟通要道，称为波斯道。波斯道和钦察道是联结东亚、西亚、中亚的重要道路，而且支线还能沟通南亚恒河上的底里城，它们发挥的作用比汉唐时期的丝绸之路还要大。

内地干线有两组：一组是与大运河平行的驿道，从通州出发，经天津、德州、徐州、扬州，向西联通江宁（南京），向南过长江通往苏州、杭州，再向福州。它和大运河与近海漕运线一起，组成东部地区水陆交通网的主干线。另一组是从大都经涿州出发，或西去太原，或南下汴梁，联通中原、华南、西南、西北及西藏各地，将各行省省府与大都连接起来。从太原去洛阳，往西可以到达西安，往南可以到达荆州。到西安后，可通过天水与敦煌到新疆，也可以从天水去西宁再穿过青海去西藏。由西安到宝鸡后，可往南穿过秦岭到成都。从洛阳到荆州的驿道，则可以转常德、沅州、贵阳去昆明；可以转长沙、零陵、桂州去广州。这是汉唐时期中原下湖广的传统通道。从涿州到汴梁的驿道,可以南下庐州(合肥),也可以南下鄂州(武昌),然后再通往江州(九江)。由江州南下洪州(南昌)、赣州,越过大庾岭去广州。大都至广州的这条驿道,纵贯南北,跨越黄河、长江、珠江三大水系,十分重要,特称为使节路。从海路来华之商团信使在广州登岸后,要到大都的话,就得走这条使节路。这一格局,其实北宋时期就已经是这样了,到明清时仍是如此,直至京汉、粤汉线通车后才有了改变。元代内地驿路直接为明清两代的大道奠定了基础,是很有价值的。

据《元史·兵志》载:元代各行省均设有水陆驿站,水站提供舟船,陆站则提供车马,还有牛、骆驼以至狗,分别名为马站、车站或狗站。忽必烈时期,全国有陆驿1095个,水驿424个,站距60里至100里不等。全国驿站计用马44300匹,牛8600头,驴6000头,车4000辆,船6000只,轿380顶,狗3000条(宣政院辖地与各汗国与亲王封地不计在内)。除运输工具外,驿站还负责给过往官员与商旅军人提供食宿和安全服务。驿站的设置地点,以方便交通为原则,力求平坦、安全、便捷。比如:从大都到上都,1000里间设13站;从大同到和林,4000里间设40站;从汴梁到鄂州,1400余里设21站;从天津杨村海口,经鸭绿江口到朝鲜耽罗城,设水驿30处;从大都到安南之大罗城,7700里路,设站115处。

元朝建国之初，因为忽必烈定都大都，所以京城粮食的需求量大大增加，而且元朝初年对外战争频繁，军队也需要大量的军粮，这些粮食大都来自于江浙地区。据史料记载，元政府每年粮食征收额为 1201 万石，而江浙地区征收的粮食数额几乎是全国各行省征收总额的 1/2，所以元朝统治者十分重视江浙地区的漕粮运输。

元初，粮食运输主要以隋唐大运河为主，但运河年久失修，工作效率低下，有时遇到天气干旱水位过低，河道淤塞不通，漕船航行困难，就不能如期到达。为了消除这些障碍，也为了弥补河运的不足，统治者一方面注重开发新的运河，建造船只，充实漕运机构；另一方面开始把重点放到海运上，京杭大运河开通后，河运和海运就同时进行。

元朝廷十分重视内河水运与近海漕运。政府派人勘测河套沿线水驿设置地点，并绘制了具体的线路图，标明方位、里程、地势等情况，不经过朝廷允许不能施工。为了近海漕运的安全和顺利进行，朝廷抽调 2000 名水军及舰船，沿线把守。

实行海运后，便利了江南地区粮食的北运，加强了南北物资的交流，但是历史条件有限，当时的人们对海上天气把握不准确，对海上线路也不熟悉，所以海运的风险很大，每年都会有大量海运人员葬身海底，造成船只沉没，粮食损失。

元朝廷的政治管辖，加强了边疆与内地的经济交流，促进了蒙、汉、满、回、苗等多个民族之间的文化大融合，把五代以来“占据中原就是占据天下”的狭隘思想彻底清除，元朝真正意义上完成了大统一，确实称得上“四海之内皆兄弟”了。元代各级地方官员与朝廷、与大汗的政治交流，免去了东、西亚之间的沟通障碍，在其间旅行就如同在国内一样。政府使节、征戍人员、宗教人员等各界人士，都可以在这样一个畅通的条件下自由来往。这为元代的交通便利和贸易运输的安全发展提供了有力的政治保障。

关于海上交通，随着海外贸易增多而迅速发展。自南宋以来，我国积极发展海上贸易，元朝更是加大力度，进一步扩大贸易开放程度，还在上海、泉州、广州等多个沿海城市设立市舶司，专门管理外贸事务。泉州港在元朝已经是东方第一大港，在中国活动的欧洲商旅则是称它为“世界第一大港”。需要特别指出的是，南宋灭国之前，蒲寿庚一直负责海上贸易，元朝攻克南宋之后，即使南宋还有残余的反抗力量，但元朝廷并没有中断海上往来，仍然让宋代旧臣蒲寿庚继续主持海上贸易事业。而清朝就因为明朝残余势力而中断过海上贸易，由此看来，元政府是很有气魄和远见的。当时中国的船队从泉州港出发，经波斯湾最远可抵达红海，文化使者马可·波罗回意大利时，就是沿这条航线出发的，这条航线为后来明代郑和下西洋创造了条件。

元代，是中国历史上最开放的时代。由于欧亚大陆交通的畅达，海上交往的频繁，中国与西亚、北非、欧洲的距离被大大缩短了，中国的印刷术、火药等重大发明传到了阿拉伯地区，又传到了欧洲、北非，中国印制纸币、纸牌的方法以及中国人用的算盘等也都传入了东欧，对世界的文明发展起了巨大的推动作用。同时，阿拉伯的数学、医学和建筑知识，也相继传入了东土，大大地丰富了中华知识宝库。这个时期，西方移居中国的侨民遍布各地，中国西北、西南、东部沿海城市甚至内地集镇，也都可以看到西亚与欧洲人的居住点。而中国人移居世界各地，也成为一时特色。我国历史上内地人民向南洋、中亚、两河流域以至西伯利亚与东欧的移民，以元代为一个高潮期。其中相当一部分是蒙元政府组织调配去的。比如元太祖至元七年（1270）用刘好礼为吉利吉斯、益兰州、谦州等五部断事官（相当于汉代的都护），治理今俄罗斯贝加尔湖以西，叶尼塞河、鄂毕河一带。《元史·地理志》与《元史·刘好礼本传》均介绍说："吉利吉斯者，初以汉地女四十人与乌斯之男结婚，取此义以名其地"，"谦州……居唐努岭之北，居民数千家，悉蒙古回纥人。有工匠数局，盖国初所徙汉人也"。至元七年刘好礼来到益兰州，在这里"修库廪，置传舍，以为站所"。当地居民"不解铸作农器"，"不知陶冶，水无舟航”，于是，“好礼请工匠于朝，以教其民，迄今称便”。中国人民在开发亚洲的伟大事业中，曾经做出难以遍举的杰出贡献，仅此就可以睹其一斑了。正因为中外人士的这种大范围的交流迁徙，出现了一批向中国人介绍外部世界的书籍，汪大渊的《岛夷志略》便是其中具有代表性的一部重要作品。而欧洲人马可·波罗所著《马可·波罗游记》，则是第一个用欧洲人的眼光来观察、评价、介绍中国的历史名著。东西方介绍对方的著述，促进了双方人民的相互了解，促进了世界文化的交流。一个中国与欧洲进行文化交流的大潮正在酝酿之中。

东方的马可·波罗——汪大渊

汪大渊（1311—？），元朝时期的民间航海家。字焕章，南昌人。在他的出生地，如今的南昌市青云谱区施尧村，至今尚流传一首排工号子《南昌城南掌故多》:“南昌城南掌故多，将军渡口波连波;象湖源上风光好，施家尧去划龙舟;王老丞相来迎接，相府千金坐花楼；汪家垄住航海客，漂洋过海到夷洲。”人们唱的这位“漂洋过海到夷洲”的“航海客”，就是被西方学者称为“东方的马可·波罗”的汪大渊。

至顺元年（1330），年仅 19 岁的汪大渊首次从泉州搭乘商船出海远航，历经海南岛、占城、马六甲、爪哇、苏门

汪大渊像

答腊、缅甸、印度、波斯、阿拉伯、埃及，横渡地中海到摩洛哥，再回到埃及，出红海到索马里、莫桑比克，横渡印度洋回到斯里兰卡、苏门答腊、爪哇，经澳洲到加里曼丹、菲律宾返回泉州，前后历时四年。至元三年（1337），汪大渊再次从泉州出航，历经南洋群岛、阿拉伯海、波斯湾、红海、地中海、非洲的莫桑比克海峡及澳大利亚各地，至元五年（1339）返回泉州。他一共航海过两次，第二次出海回来后，应泉州地方官之请，开始整理手记，写出《岛夷志略》。这本书对研究元代中西交通和海道诸国历史、地理有着重要的参考价值。

1. 伟大的航行

2005 年 4 月 25 日，经国务院批准，将每年 7 月 11 日确立为中国航海日。事实上，很早之前，中国人就开始了对海洋的探索，可谓历史悠久，除了以郑和为代表的官方航海行动，还有一直不断进行着的民间航海活动。

早于郑和70多年，有个平民探险家叫汪大渊，他曾两次远航，西至直布罗陀，南达澳大利亚，由此写下了地理著作《岛夷志略》，被收入《四库全书》。

史书对汪大渊身世的记载并不是很多。汪大渊是江西南昌人，志不在出仕，但常交谈于当时的儒学大家和诗坛领袖。汪大渊的两次航海是自己筹资自费“附舶浮于海”的。而他的《岛夷志略》由诗人张翥作序，他曾是河南省平章政事，曾经参与修撰宋、辽、金史。汪大渊是一位罕见的意气风发的少年，20岁便决定驾船出海，而且不止一次。

元时期的丝绸之路商贸活动频繁，不仅连着南洋群岛、印度与阿拉伯，也承接了地中海的贸易链，范围至西北非、东非与东南非。汪大渊于元代至顺元年（1330）和至元三年（1337）能两次驾船远航，也说明了这条丝绸之路已经是一条很熟识的商路，而且范围比人们想象的要更宽泛。那时的不列颠和伊比利亚半岛还未有人踏足。否则，汪大渊会走得更远，丝绸之路也会更悠长。

汪大渊的平民海航发现了澳洲大陆，当时中国商人称之为“绝岛”。西方学者似乎对汪大渊的两次的澳大利亚之行故意避而不提，因为400多年后，英国的库克船长1769年才声称发现了它，但在那时的澳大利亚除了数量颇多的毛利人，已经有中国人在此生活。元代中国称澳大利亚为罗婆斯，将现在的达尔文港地区叫作麻那里。《岛夷志略》还记载了居住在古里地闷（即今帝汶岛）的吴姓泉州商人。由此可见，当时海上丝绸之路已经涉足南海的南部。

现在的马六甲海峡即当时的南洋群岛的“龙牙门”，《岛夷志略》也对其有生动描述：“门以单（淡）马锡番两山，橡胶若龙牙状，中有水道以间之。”经过这里的商船，需要“架箭棚，张布幕”，以防海盗袭击。在当时就“男女兼中国人居之，多锥髻，穿短布衫，系青布捎”，这大约是南宋亡后漂泊海外的遗民。

虽说平民远航的人不在少数，但是汪大渊的远航之路可以说是光彩四射。王大渊两次出海时间是元代至顺元年（1330）至元统二年（1334）和至元三年（1337）至至元五年（1339）。由《岛夷志略》作序者张翥的卒年是 1368 年判断,《岛夷志略》的刻付最晚不过 1368 年。青年时期的汪大渊在 9 年的时间里完成了两次航海远行，并且很快写下了这部地理志，这是绝无仅有的。作为一位民间“背包客”，汪大渊的不畏艰辛的远足，证明了中国古代人探索大海的雄心壮志。

2. 航海经历

元武宗至大四年（1311），汪大渊出生了，此刻所有人都不知道这个襁褓中的婴儿会成为日后世界闻名的航海家。父母为其取名“焕章”，此二字或许取自《论语·泰伯》中“焕乎其有文章”一语，希望孩子长大后能有所成就。汪大渊果然没有辜负父母的殷切希望，家乡的航运业繁荣培育了年轻的航海家。

“泉州”可以说与汪大渊有着解不开的渊源。元代的泉州是当时中国南方最大的商贸船港，同时也是世界上最大的商港之一，用当时的话说是“番货远物，异宝奇玩之所渊，殊方别域富商巨贾之所窟宅，号为天下最”（元·吴澄：《吴文正公集》）。当时汪大渊两次航海之行皆从此地出发。作为最大的外贸港口，元朝在这里设置市舶提举司。这里热闹纷繁，其中往来之人，都是来自世界各地不同国家、不同肤色、不同语言的商客、水手，还有世界各地琳琅满目的商品，船只数不胜数。就连马可·波罗都对此地大为称赞。最吸引人的要数外商口中所说的令人向往的外国异域风情了。这一切都激起了汪大渊探索外面世界的好奇心，是他能成为两度航海远行的航海家的重要原因。

元顺帝至顺元年（1330），汪大渊首度开启了他的远洋之路，当时才 19 岁的他心中期待万分，怀着对异国的向往，搭乘泉州远洋商船兴致勃勃地出发了。这一趟航海之旅一去就是 4 年之久，汪大渊直到元统二年（1334 年）才返回到泉州。这次航海之旅，汪大渊历经多个国家。他以泉州为起点，经过海南岛、占城、马六甲、爪哇、苏门答腊、缅甸、印度、波斯、阿拉伯、埃及，又过地中海，途经西北非洲的摩洛哥到达埃及，穿过红海过索马里，折向南直到莫桑比克，乘船横渡印度洋到达斯里兰卡、苏门答腊、爪哇，过澳大利亚到加里曼丹岛，又来到菲律宾群岛，最后返回泉州。3 年后（1337），汪大渊再次起航，开始第二次航海旅行。同样以泉州为开端，途经南洋群岛，印度洋西面的阿拉伯海、波斯湾、红海、地中海、莫桑比克海峡及澳大利亚各地，至元五年（1339）冬，汪大渊第二次航海历经两年完成，再次回到泉州。

与郑和相比，汪大渊的名声没有那么响亮，但是航行比郑和艰难得多。汪大渊第一次航行 19 岁，郑和第一次航海 34 岁，汪大渊比郑和小了 15 岁。还有，郑和是代表朝廷的官派，每次出洋官船 200 多艘，但是汪大渊只能搭乘别人的船，还需要经商挣钱维持航行。而最后的结果是，汪大渊比郑和航行的足迹更远，游历的国家更多。

汪大渊两次航海之行，或许与同时代那些在海上谋生的舶商没有什么区别，但是汪大渊给后人留下惊喜的是，他用文字记录了世界各地所到之处的各种“可怪、可愕、可鄙、可笑之事”。这一点官派的郑和也没有做到。

总之，民间航海家汪大渊的两次航海增进了中国人民与游历国人民的交往和友谊，使中外民间交往更加密切。

3. 不朽著作《岛夷志略》

汪大渊回到泉州，正逢当时泉州路达鲁花赤偰玉立正主持编修《清源续志》，汪大渊游遍海外的事早为人知晓，便请他将自己的经历写成《岛夷志》附在《清源续志》之后。

于是，汪大渊便将两次的航海远游的所见所闻记录成章，包括各国的社会经济、奇异风俗等。完成此书后，《岛夷志》便被收入《泉州路清源续志》中，作为附录。后来，汪大渊回到故乡南昌，将《岛夷志》节录成《岛夷志略》，并在南昌印行，广为流传。但是到了元末战乱，《岛夷志》一书部分失散，在明朝后终于失传。

《岛夷志略》记述了亚、非、澳各洲，内容涉及各国的风土人情、物产、贸易，具有重要的参考价值。尤其书中对于台湾、澎湖等现代中国东南海疆的记述，有力地证明了台湾自古以来就是中国领土不可分割的一部分，而对现代澳大利亚大陆北部的记述则能为中国古代先进的航海技术水平提供注脚。书中记载了台湾、澎湖是我国领土，在当时台湾属于澎湖，而澎湖属于泉州晋江县。书中不止一处记载了海外华侨的生活情况，如居住于古里地闷（今帝汶岛）的泉州吴宅商人；元朝出征爪哇部队有一部分官兵仍留在勾栏山（今格兰岛）；居住在真腊国(今柬埔寨)的唐人；而龙牙门(今新加坡)“男女兼中国人居之”；甚至马鲁涧（今伊朗西北部的马腊格）的酋长，是中国姓陈的临漳人，等等。

石楠树红得像火焰

在《岛夷志略》记载澳大利亚的情景见闻中，有麻那里和罗婆斯两处。在当时将澳大利亚称为罗婆斯，称达尔文港一带为麻那里。据当时中国人的认识，泉州商人、水手认为澳大利亚世界末端，因此称之为“绝岛”。汪大渊记录澳大利亚的人，有的“男女异形，不织不衣，以鸟羽掩身，食无烟火，惟有茹毛饮血，巢居穴处而已”，有的“穿五色绡短衫，以朋加剌布为独幅裙系之”。汪大渊记载了一种澳大利亚“仙鹤”：鹤灰毛、红嘴、红腿、会跳舞、身高有六尺长，“闻人拍掌，则耸翼而舞，其仪容可观，亦异物也”。还描述了澳大利亚特有的一种“石楠树”，红得像火焰。

书中描述澳大利亚北部某地“周围皆水”，很可能指的是今天澳大利亚达尔文港以东一大片沼泽地。书中还记录了澳大利亚北部海岸的安亨半岛和 800 米高的基培利台地，“奇峰磊磊，如天马奔驰，形势临海”。这些记述真实无误。

《岛夷志略》具有重要的史料价值，很早就受到世界的重视。从 1867 年以来，西方学者有 10 人研究此书，并且将其翻译成多种文字。其中，该书中对澳大利亚的叙述，应该是最澳大利亚最早的记述了，但是西方学者对此讳莫如深，不敢承认这个事实，因为直到 400 多年后，欧洲人才知道澳大利亚的存在。

《岛夷志略》可以说是承上接下的著作，上承宋代周去非的《岭外代答》、赵汝适的《诸蕃志》，下接明朝马欢的《瀛涯胜览》、费信的《星槎胜览》等的重要历史地理著作，但论重要性，又远远超过宋、明这些著作。《四库全书总目》说：“诸史（指二十四史）外国列传秉笔之人，皆未尝身历其地，即赵汝适《诸蕃志》之类，亦多得于市舶之口传。大渊此书，则皆亲历而手记之，究非空谈无征者比。”汪大渊航海远行，两度下西洋，游历甚广，著述精深，直到清代中叶以前，一直位于前列。

汪大渊在诗词方面也颇有造诣。他曾说：“所过之地，窃常赋诗以记其山川、土俗、风景、物产。”《岛夷志略》中曾记录：他们到达大佛山（今斯里兰卡）附近，采集了很多珍贵的奇异珊瑚，汪大渊兴奋不已，“次日作古体诗百韵，以记其实”。回乡后，豫章邵庵虞先生见到汪诗，大为所动，当即赋诗。邵庵虞先生是当时著名文人虞集，由此可见汪大渊的事迹在当年的影响，他对世界历史地理和航海事业的伟大贡献，是早为中外学者一致公认的。

《岛夷志略》是《岛夷志》的简行本，《岛夷志略》所记内容是远少于《岛夷志》的。

虽然如此，但节略后的《岛夷志略》涉及国家和地区多达220多个，其中包括亚、非、澳各洲，其中主要包括澎湖、琉球、三岛、麻逸、无枝拔、龙涎屿、交趾、占城、民多郎、宾童龙、真腊、丹马令等200多地，内容涉及各国的风土人情、物产、贸易。《岛夷志》中所述“皆身所游焉，耳目所亲见，传说之事则不载焉”。可见汪大渊对此书态度之严肃。为此书作序的著名文人张翥说：“汪君焕章当冠年（20岁），尝两附舶东西洋，所过辄采录其山川、风土、物产之诡异，居室、饮食、衣服之好尚，与夫贸易用之所宜，非亲见不书，慢信乎其可征也。”另一作序者，泉州方志主修吴鉴说：“其目所及，皆为书以记之。以君传者其言必来信，故附《清源续志》（《泉州路清源志》）之后。”明朝永乐年间，随郑和七下西洋的马欢说：“随其（郑和）所至……历涉诸邦……目击而身履之，然后知《岛夷志》所著者不诬。”由此可见，此书的内容真实可靠，具有重要的参考价值，是不可多得的宝贵历史资料。

《岛夷志略》有着卓越的文献价值，不仅对后世学者研究古代东西两洋历史地理交通有重大意义，而且对后世的各类古代海道交通和相关著作编撰具有重大影响。

元顺帝至正九年（1349），《岛夷志略》成书，自成书后，便对元明两代地理书产生了影响。

随同郑和七下西洋的翻译官马欢曾阅读《岛夷志》，他在《瀛涯胜览序》写道："余昔观《岛夷志》，载天时、气候之别，地理、人物之异，感慨然叹气曰：普天之下何若是之不同耶？"

而同随郑和下西洋的另一个翻译官费信所著《星槎胜览》，书中内容有一半来自《岛夷志略》。

明代地理学家张燮所著《东西洋考》也引用过《岛夷志》。

此外，《岛夷志略》在国际上也产生了很大影响。研究和阅读《岛夷志略》的外国学者大有人在。外国学者但凡研究元代东亚、南亚诸国及海上交通等，都会参考《岛夷志略》。美国近代汉学家柔克义将《岛夷志略》中前 99 条中的 60 条地名翻译为英文，于 1914 年至 1915 在《通报》上陆续发表。这也是随着贸易活动的发展，美国相关研究学者越来越多。

柔克义像

元至正十年（1350）张翥作序的南昌刊本和至正九年（1349）吴鉴作序附于《清源续志》后的刊本（并附录吴鉴的《清源续志》序）应当是历史上记载最早的《岛夷志略》的版本。全书总共有 100 条，除了最后一条“异闻类聚”是抄前人的，其余 99 条的每一条都大抵记述了一个国家或地区。遗憾的是，上述两种元本今都已经遗失。

延伸阅读

马可 · 波罗与《马可 · 波罗游记》

马可 · 波罗（1254—1324）是举世闻名的威尼斯大旅行家。因其往返元朝之行及归述之《马可 · 波罗游记》与元代的远洋航运关系甚密，故略作介绍。

至元二年（1265）春，马可·波罗的父亲尼哥罗与叔父玛窦在经商途中到达元朝上都（今内蒙古锡林郭勒盟正蓝旗上都镇闪电河北岸，现为遗址）。元世祖忽必烈向他们询问欧洲各国情况，并委托尼哥罗兄弟致书罗马教廷。至元八年（1271）夏，年仅 17 岁的马可·波罗怀着对东方与华夏民族的憧憬之情，随父亲离开威尼斯前往元都。该年 11 月，马可一家完成外交使命，带着新任教皇格里戈里十世的回信离开阿伽，取横亘中亚的陆上“丝绸之路”东行。一路上历尽艰险，于至元十二年（1275）五月抵达元朝大都（今北京），受到了忽必烈的盛情欢迎。

马可一家在元都留居 17 年，并供职，深得宠信。马可·波罗因学识渊博，精通中文，曾奉命到云南及江南各省巡察，并在扬州做过 3 年总督，又奉命带领外交船队出使过占城、爪哇、苏门答腊、印度和斯里兰卡等国。据大部分《马可·波罗游记》的研究者认为，书中关于当时各地的情况记载，虽不乏夸张失实之辞，但基本属实。

马可·波罗久居客地，思乡日切。当他奉使印度返回时，适逢伊利汗阿鲁浑因其妃卜鲁罕死，遣使者兀鲁解、阿卜失哈、火者等 3 人来元朝，请大汗选赐前妃同族之女为妃，忽必烈遂以卜鲁罕族女阔阔真公主赐之。熟悉南洋与印度洋航行的马可·波罗，因伊利汗使者之请，并取得忽必烈的同意，全家以护送公主赴波斯为名，踏上了回国的航程。

马可·波罗像

至元二十八年（1291）初，由14艘四桅九帆海船组成的元朝船队，离开泉州港，趁东北季风扬帆南航。3个月后驶抵爪哇，因风逆受阻，在那里停留了5个月，然后继续航行18个月，渡过北印度洋，到达波斯湾口的忽鲁谟斯。登陆后方知阿鲁浑已死，使者们便将阔阔真下嫁给阿鲁浑之子合赞。马可·波罗一家在完成护送任务后，由波斯继续西行，取道两河流域、高加索，由黑海乘船到君士坦丁堡，再循熟悉的近东航道，于元贞元年（1295）冬回到了阔别24年的故乡威尼斯。次年，马可·波罗出资造舰，参加了威尼斯与热那亚因海上贸易冲突而引起的海战，被热那亚人俘获而投入监狱。在狱中，他绘声绘色地讲述他在东方的奇异见闻，由一位通晓古法文的难友——比萨作家罗斯梯切诺笔录成书，这就是后来风靡全球的《马可·波罗游记》，也称《东方见闻录》。马可·波罗也因此成为声名鹊起的大旅行家。不久，他获释回乡，开始经商并成为一名威尼斯议员。泰定元年（1324），马可·波罗在家中病卒，结束了传奇的一生。

《马可·波罗游记》分4卷，是一部虽无华丽辞藻，但却清新翔实的名篇巨著。该书不但是一幅展现13世纪后半叶亚洲各国风貌的宏大画卷，而且也是研究元代与亚洲各国航运历史的宝贵文献。《马可·波罗游记》中关于元代远洋海船、贸易港口、远洋航路、海上里程及航行技术等方面的具体记载，具有重大的研究价值。同时，该书关于东方富庶的夸张渲染，更强烈地刺激着迷恋黄金的欧洲商人与探险家，使后者不惜铤而走险，冲破15世纪欧洲对东方的贸易危机，去寻找海上新航路。一本游记，能对整个世界的历史进程产生如此深刻的影响，确是不多见的。

出使柬埔寨的地理学家——周达观

周达观（约 1266—1346），字达可，号草庭逸民，温州永嘉（属浙江）人，元代著名地理学家。因《元史》无传，其生平经历不详。元贞二年（1296），从温州港作为开端，周达观带着元朝皇帝的圣命跟随元使访问真腊（今柬埔寨），二月二十日自温州出发，途经福建、广东、海南诸港，过七洲洋，经交趾洋，三月十五日到达占城国都。又经昆仑洋由真浦（今越南巴地、头顿一带）入境真腊国；到真腊第四港（今越南美狄）。因天旱大船难得前行，于是改乘小船入洞里萨湖，七月时到达湖边码头，上岸即吴哥城，一路艰辛跋涉，终于在一年后到达该国，

周达观像

并在此居一年有余，于大德元年（1297）回国。

1. 语言外交官

《真腊风土记》是周大观访问真腊的一本游记。周达观根据自己路上的见闻编纂成《真腊风土记》一卷，其主要内容记录了真腊的山川草木、城郭宫室、风俗信仰及工农业贸易等，这些资料很是珍贵，后来还有法、英、日文等多种译注本。书中描述的都城就是现在的柬埔寨吴哥窟。

元朝帝国灭南宋朝后，接着攻略占城和安南，又大举入侵真腊，但是受到当时当地恶劣气候条件的影响，进攻始终未能取得理想的战果。于是，元朝廷改用威胁利诱的方法。元贞元年（1295），元成宗命使者劝服真腊以及附近的小国归附元朝，周达观便是使节团中一员。周达观能作为使团团员的原因，可能是他曾经到过南洋，也可能是曾作为被派驻温州管理对外贸易的官员，通晓其语言。元贞二年（1296）二月，周达观一行人离开明州，当月从温州港出发，到三月十五日抵达占城。后来又遇到恶劣的天气，正值内河水道浅水期，一直到七月才真正抵达真腊国都吴哥。他们在那里逗留了一年多，因为启程返航只能等到第二年西南季风起及大湖水涨才可以航船。大德元年（1297）六月，周达观等人才得以起程回国，并于八月十二日抵达宁波。这次旅行总共历时一年半。

2.《真腊风土记》

使团从真腊国返回后，周达观编写了《真腊风土记》。该书对当地的风土人情、都城风貌、王室情况，以及具体行程航线都有详细描述，有地理学的记录价值。至元武宗至大四年（1311），这本书才算真正完成，全文约 8500 字，分为 40 节。

10—13 世纪，此时的真腊（柬埔寨）正处于文明最灿烂的“吴哥时代”。令人诧异的是，当这片土地沦为暹罗（泰国古称）国土时，真腊的真实情况似乎不被外人所知，至少没有引起中国朝廷官方的关注，所以《元史·外国传》也没有真腊的记载。因此,《真腊风土记》正好补了《元史》中这一部分的空缺，同时此书具有 13 世纪元代的交通贸易的重要史料，十分珍贵。

关于柬埔寨的上古史并没有真实史料证明，只是限于流传，只在中国史书上有些零星记载。从东汉开始，中国人逐渐向南开阔视野，对中南半岛有了更清晰的认识。如三国时期吴国的朱应、康泰前往扶南、林邑宣扬国威，留下了《扶南异物志》《扶南记》等著作，这应该是对真腊最早的记载，已经散失。但是此书详细记录了当地山川形势和人民的风俗人情。因此，这对认识其古代历史颇具参考价值。

史料的散失与当地的气候和国土变迁有很大关系。当地气候温暖湿润，文物易发霉腐朽，再加上国土变迁，一些文字记载或文物很容易散失，也只有出土的碑文还可以保存下来。所以，此书中提供的地理数据不仅弥补了正史的不足，也见证了古代中国同真腊的交往。

周达观等人曾历时一年半访问的真腊国都吴哥，1431 年遭遇暹罗的侵扰，真腊迁都到了金边，吴哥窟被遗弃，变成了一片废墟，这里的历史和繁华逐渐被森林和野草覆盖，因此没有什么资料证明，后世也不知道它曾经存在过。到了 19 世纪初，一个法国人雷慕莎将周达观所著《真腊风土记》翻译为法文，很多人便对这里充满兴趣，有个别葡萄牙传教士和旅行家前来寻找这片遗失的废墟，还写过报告，被人遗为笑柄。1861 年法国博物学家穆奥从中国到真腊，带领几个土著，挖出了深藏在丛林中的吴哥城。他的信息也正是来自周达观的《真腊风土记》。此书十分详尽地记录了路线，如记录了从宁波至占城的路线，对所经港口、水路、城市、里程都有详细记载。这为后人寻找吴哥的遗址，了解真腊历史提供了重要的依据。欧人的寻访促进了东西文化的交流。另外，随着时代变迁，历史更替，不少国人流落国外并安定了下来。他的出使，为元代移居真腊华侨的情况提供了翔实的资料。

该书还对当地的语言文字、风俗人情以及贸易活动均有详细的记载，据此我们可以了解当时两地的经济文化交流。在以前欧人的记录中，误将浮稻说成是 19 世纪时传入东南亚，还有人说是洋人为当地贫民培植的。但据此书记载，在他到达真腊之前，浮稻就已遍布当地了。因此，此书纠正了很多历史上的错误记载，可见影响之深远。

3. 珍贵的真腊记忆

在写作体例上，《真腊风土记》的记述类似于我国地方志，既包括一些国情的描写，如对城郭、宫室、文字、耕种、贸易、属郡的介绍，也包括一些日常生活的记述，如对关于澡浴、产妇、酝酿、病癞、盐醋酱等的叙述。古人记事叙述明了，评点简练，还有想象空间，远超现代的繁冗博文。

先说城郭。书中记述的真腊吴哥城周围约 20 里有 5 个城门，每个城门口都有两层城门。护城河围着城郭，河上有通路的大桥。大桥的两旁矗立着 54 座石像，桥上有多头蛇的蛇形石质栏杆。城墙 2 丈高，全由石块垒成。城内的铜塔金塔让周达观大开眼界,不禁感叹道“富贵真腊”。然后接着介绍了巴肯山、东池西池，这些都在我们现在参观的路线之内。

再说宫室。王宫和宫舍府第都是朝东而建，很是壮观。“梁柱甚巨，皆雕画佛形。防禁甚严。”(《真腊风土记》)而王公大臣的房屋大小以官阶高低而定。一般都是用草盖顶，就算高官之家，也只有家庙和正屋可以用瓦，其他寻常百姓都是草屋。

说到发型服饰，连国主在内，不分男女皆梳发髻，腰间围布，而且大布里面是小布。布也是分等级的。贵族和平民的区别是布料与花色不同。只有国主穿纯花做的衣服，纯金做的冠。当官的可以穿有花边的衣服，而平民只有女性可以这样穿。那时有新唐人不识真腊人体例在腰间围两块花色布，一般不会怪罪。由此可见，在那时就已经有中国人在此居住。

至于官员体制是专为皇亲国戚设置的，不如中国有科举。真腊国也有丞相、将帅、司天这些官制，这些官都有许多属从，名称与中国不同。当地人信奉 3 种宗教，儒者、僧者和道者，这是依照中国人的叫法。所谓儒者，伯希和考证是婆罗门博士；僧者是小乘佛教僧人；道者是回教徒。儿童学习，先在寺庙，成年后还俗。真腊人出现民事纠纷和刑事犯罪，也有自己的律法。他们的争讼刑法也惊人地类似中国，只是在方式上有略微的不同。

人们都说真腊人的肤色粗黑，原因是真腊平民长期受太阳暴晒的缘故，而宫廷贵人却面如白玉，宫里的宫女的皮肤大都光洁如雪。真腊国在语言上与中国不同，

癞王平台

尤其语序颠倒，让人听起来不习惯。还有真腊的正朔时序与中国也有区别，中国的十月被真腊定为正月，这个月真腊叫佳得。而且真腊也存在十二生肖，与我国不谋而合，只是称呼上有差别，如马叫卜赛，鸡叫栾，猪叫直卢、牛叫个一样。争讼刑法类似中国，只是在方式上有略微的不同。

真腊人的“病癞”，很可能说的是麻风病，而且犯此病者甚多，当地人还和这些病人一起进食，他们认为患这种病是因为真腊风土的缘故，所以并不忌讳。据说，柬埔寨最少有两位国王曾患麻风病，当地人也没什么大惊小怪。在现在的吴哥遗迹中有一个“癞王平台”，据考证，癞王平台是专供皇家使用的火葬场。平台下有通道，通道内壁上是石雕群像，有美貌的仙女，也有丑陋的恶魔式面孔。

关于真腊人的贸易，不同于古代中国，中国以“足不出户”要求女子，而在真腊大多都是妇女出门做生意，因为她们会打点生意，所以中国人到了真腊国总会先雇用一个妇女，以便于经商买卖。这些女性做生意没有店铺，只是将席子摆在地上，用于交易的货物放在席子上，而且每个席位都是一定的。做生意交税，小规模的买卖只交一些稻米或中国货物就行，规模更大一点的税金是交布匹，更大规模的才收金银。

此外，书中还记录了其他不少怪异风俗和传闻，与中国的风土情物相差甚大，所以作者认为这些风俗不堪入目，过于粗俗。其中在《取胆》一篇中，记述的习俗相当怪异。有个占城王每年必会来此城取走一瓮人胆，大约有上千数量。当地人就在城中或村中袭击那些晚上经过的路人，用刀剜路人胆，但是独唐人胆不要。这是因为某年占城王将取回的唐人胆放入瓮中，不久便腐臭发烂。此风俗甚为怪异，据说取人胆是用来泡酒或涂身的，用以壮胆（参见《炎黄密码》）。

《真腊风土记》是对真腊吴哥时期的唯一记录，十分珍贵，此书的最大贡献，是详细记述了吴哥王朝的历史，并为其描述了生动丰富的历史细节。这对于研究柬埔寨的学者是具有极其重要意义的参考资料。

延伸阅读

元代杰出天文学家郭守敬

郭守敬（1231—1316），字若思，出生于顺德府邢台县（今河北邢台市邢台县），汉族人，是元代著名“上知天文，下知地理”的科学家，在天文学、数学、水利工程方面均有建树。著有《推步》《立成》等 14 种天文历法著作。

“上知天文，下知地理”，这是中国古代衡量一个好的科学家的标准，元代卓越的科学家郭守敬就是这样一位人物。他的学生齐履谦在《郭公行状》中，这样评价郭守敬：“公以纯德实学为世师法，然其不可及者有三：一曰水利之学，二曰历数之学，三曰仪象制度之学。”简短几句话，高度概括了郭守敬的科学成就，而在郭守敬的三大成就中，后两项都与天文学有关。事实上，正是由于郭守敬的杰出创造，中国的古代天文学才达到了顶峰。

郭守敬出身书香门第，自幼便受到良好的科学熏陶，少年时期，就师从当时精通天文、地理、律历、算术的刘秉忠，在自然科学方面打下了扎实的基础。15 岁时，当同伴们还在面朝黄土背朝天时，郭守敬早已把自己的眼光投向了更为广阔的天空。他根据古书中的浑仪图画，以“竹篾为仪,积土为台”模仿制作并观测天象。16 岁时，郭守敬按照从石碑上拓印下来的图样，研制出了“莲花漏”。“莲花漏”是北宋的燕肃在古代漏壶的基础上，改制的一种计时比较精确的计时器械,但元朝时已经失传。郭守敬以小小年纪复制出“莲花漏”，世人无不称奇。

郭守敬的早年，主要致力于水利事业，同时也在关注天文事业。至元十三年（1276），郭守敬受命参与改制新历,从此开始了他在天文学上的辉煌。为制好新历，郭守敬仔细研究了自西汉以来的 70 种历法，指出真正有所创建的只有13家，并且一一肯定了他们的成就。他继承和发扬了历代进步历法家的优良传统，坚持在实测的基础上编订新历法，而绝不人为地拼凑数据，或者盲目抄袭前代旧历的数据进行推算。

郭守敬深知测验工作的重要性，治历工作伊始，就提出："历之本在于测验，而测验之器莫先于仪表。"他发现当时所用的仪器，大多破旧不堪，必须创造新仪。从至元十三年（1276）到至元十六年（1279）这短短的3年中，郭守敬创制了十多种大大小小的天文仪器，其中以简仪最受后世推崇，可算是所有这些近代仪器的鼻祖。

简仪是郭守敬进一步对传统浑仪进行改进而成，他将浑仪上的窥管改为窥衡，使定位更加简单，只需在瞄准时将星体与窥衡上的细线中点连成一线即可。

郭守敬之前所用的圭表，一般都是高8尺。其原因，据说是受《周髀算经》中"勾三股四弦五"这一定理的影响，表高8尺，正好是"股四"的2倍。这一定制，至元代历时约1800年，几乎无人敢轻易作变更。郭守敬大胆创新，把直立的表身增高到4丈，故称高表。表身增高后，表端的影子容易虚淡模糊，郭守敬便在表端设一横梁，又利用针孔成像原理创制了景符，使没影的边界清晰，从而大大提高了观测待度。法国著名天文学家拉普拉斯也说，郭守敬的4丈高表是13世纪中叶最精确的测量仪器。郭守敬创制的窥几还能观测到亮度微弱的恒星和月亮。

郭守敬创制的天文仪器，类型众多，构思灵巧，质量精细，独具特色。它们不仅反映了郭守敬的精思巧制，证明他是一名杰出的仪器制造家，还说明当时我国的仪器制造已达到了世界先进水平。西方传教士汤若望看到郭守敬创制的仪表，大为惊叹，称其为“中国的第谷”，第谷是 16 世纪世界著名的天文学家，是西方的“天文仪器之父”。其成就和贡献虽可同郭守敬媲美，但却晚了郭守敬 3 个世纪。因而，正确的说法应该是：第谷是欧洲的郭守敬。1947 年出版的《大英百科全书》也认为郭守敬所制仪器，早于第谷所造的同类仪器 300 年。可惜的是，这些稀世仪表，却在清朝康熙年间一度被主持中国天文机构的欧洲传教士当做废铜给销毁了。

中国古代的天文学家“观象授时”即观测天象以确定时间，郭守敬承此传统，注重天文观测，借以确定季节日时，编制历法。至元十六年（1279），经忽必烈批准，他同王恂等人经过仔细选择，在全国各地定下了 27 个测影点，南到北纬 15° 线，北到北纬 65° 线。并派了 14 个监候官负责，开始进行当时被称为“四海测验”的一次规模宏大的天文大地测量。“四海测验”影响深远，到明代的徐光启仍沿用“四海测验”的传统名称。

郭守敬主导的这次“四海测验”，地域广阔，规模宏大，测量精准，不但在我国历史上是空前的，即使是在世界上，也是一次无可比拟的大范围的壮举。其范围从南中国海到西伯利亚，从朝鲜半岛到川滇与河西走廊，南北长 5000 千米，东西宽 2500 千米。“四海测验”所测得的备点的地理纬度数据，对比现在已确定的地理纬度，其中 20 处的平均误差只有 0.035°，其余 7 处由郭守敬亲自负责观测，平均误差只有 0.023°，这是非常精确的。难怪法国著名的数学家、天文学家拉普拉斯在其著名的《宇宙体系论》一书中的天文学史部分也高度评价了这次测量，认为其具有“卓越的精度”。

至元十三年（1276）以来，郭守敬同王恂等人通力合作，经过 4 年的不懈努力，终于在 1280 年编制出了一部新的历法，郭守敬和太史院官员把它进呈元朝政府，元世祖忽必烈十分满意，取我国古籍《尚书·尧典》中“钦若昊天，敬授民时”之意，将这部新的历法定名为《授时历》，并在全国颁行。

《授时历》是中国古代历法中一部集大成的历法，它吸取了历代历法中的诸多先进经验。在《授时历》以前，中国历法理论已有许多建树，但有的却一直没能成为稳定的制度。如定朔法，自汉代以后，历代天文家在制历时基本上都涉及定朔法，但直到《授时历》，用定朔法才成为一项稳定的制度。

《授时历》是中国古代最优秀、最精准的一部历法，它以 365.2425 日作为一回归年，如果以小时计算，是 365 日 5 时 49 分 12 秒，比地球绕太阳公转一周的实际时间只差 26 秒，经过 3320 年后才相差 1 天，跟目前国际适用的公历（即格里高利历）相当。但是格里高利历的使用比《授时历》要晚 3 个世纪。

《授时历》另一特点是彻底废除了所谓“上元积年”。郭守敬认为，日月五星“运行于天，进退自有常度”，人们进行精密的观测，就可以获得所需要的天文数据，“又何必舍目前简易之法，而求亿万年宏阔之术哉”？因此，他在编制《授时历》的时候，就直接以当年（1280 年）的冬至（古以冬至作为一年的开始）作为推算各项天文数据的起点，从此结束了陈腐的推求上元积年的历元制度。《授时历》中的这种做法和近代采用的截元法（截取任意一年作为元，作为计时起点）是一致的，是我国历法发展史上一个重大进步。

《授时历》在数学上也有很大的成就。《授时历》应用招差法推算太阳、月亮以及五星逐日运行的情况，比欧洲要早出近 400 年。《授时历》还在我国数学史上开辟了通往球面三角法的途径。当然，由于受到中国古代数学的限制，《授时历》在解决三角函数值和反三角函数值的问题时职用了近似公式，公式比较粗疏。因而它虽然得到了正确的球面三角公式，但实际计算的结果却存在着较大的误差。同时，《授时历》为简化计算，取圆周率为 3，这也加大了计算中的误差。

尽管如此，《授时历》仍不愧是我国古代行用最久最精密的一部历法，行用了 360 余年，在明代时改名为《大统历》。《授时历》还传到海外，元朝时朝鲜高丽王朝就原封不动地搬用了《授时历》，日本 1684 年采用的《贞享历》也利用了《授时历》的原理和方法。近年来日本和欧美等国的天文学家和天文史学家对《授时历》产生了新的兴趣，进行了广泛而深入的研究，并组织了翻译工作。《授时历》作为中国历史上一部优秀的、先进的、精确的历法，在世界天文学史上也占有突出的位置。

东南亚一带的汉历的引入

南亚和东西亚地区在历史上很早就从海上和陆路同中国发生许多交往，又加上华侨的大量移居和中国少数民族同该地区民族间的关联，中国文化早就传播到这一地区。中国的天算和其他知识在这一地区的生活中起着重要的作用。

越南在历史上很长时间内奉汉历正朔，使用中国历法，因此越南的天文学史也同日本、朝鲜一样，受到中国古代天文学的深刻影响。越南历法也即中国古历，至今越南人民的许多民间节日，如春节、清明、端午、中秋等都同中国一致。

中南半岛西端的缅甸，历来是中印陆路交通的要冲，我国的西南少数民族和华侨向南移居，缅甸也是重要的通路和聚集地，从我国云南西南边境小镇畹町沿江而下可达曼德勒和仰光。在历史上曼德勒是缅甸的首都，据说曼德勒的皇城是按北京故宫的形式修建的，该城正方形每边 2 千米，城墙由砖垒成，高 8 米，厚 3 米，四周有护城河，宽 60 米。皇城内的王宫金碧辉煌，1885 年被英军占领，珍宝被劫掠一空。后来又被日军占领养马，英国狂轰滥炸，使其破坏殆尽，至今只剩遗址了。在缅甸到处可见中国风格的建筑，还有华侨捐资修建的观音寺，寺内碑上刻有 630 位华侨的名字和他们的店号。

缅甸同中国的往来从东汉时就有记载，我国古书上称缅甸为掸国或骠国。汉和帝永元九年（97）曾赐金印紫绶(《后汉书·西南夷列传》)。唐贞元十七年(801 年)，缅甸奉唐朝正朔，改为建寅之月为缅甸历一月，其历元起 638 年 3 月 21 日春分，即唐贞观十二年戊戌闰二月初一。缅甸历为阴阳合历，年长 365 天，月长 29 或 30 天，分大小月，前半月称白分，后半月称黑分。由于 12 个月与 365 天相差 11 天，故 19 年安排 7 个闰月，固定于 6 月之后，称为闰 6 月，但每隔三五年又要在 5 月末安排一个闰日，以补太阳年与 365 天间之余数。这种又闰月又闰日的做法，在现今我国境内德宏傣族行用的傣历中也采用，它同缅甸历是一致的。此外，缅甸历中在新年前三天为泼水节，大约相当于清明节后 10 天，也与傣历相同。

缅甸向东有泰国，泰国从元代起才从柬埔寨属下独立出来，建立素可泰王朝。1282 年，素可泰国王兰甘亨创立泰文字母，才开始有文字记载的文明史。素可泰王朝元代译为速古台，留下的史料主要有几十块碑碣，现认读整理出 20 块，其中 7 块都有使用干支纪年纪日的文字。从这些碑碣中关系到历法的部分来看，纪年既有六十干支，又有十二生肖，日名既有黑分、白分的日序，又有干支名称，此外，还有 7 日一轮的七曜日。从语言学角度考证，其干支发音大部借古汉字之音以泰文拼写，显然是受到中国的影响；从民族学的角度来研究，素可泰人以及老挝的寮人，越北的黑泰人，缅甸和阿萨姆掸人的先民可能是从中国南方迁徙去的，他们同我国境内的少数民族傣族、壮族、侗族都有紧密的关系，因而他们的历法受到中国历法之影响是有根源的。后来，由于历史的复杂因素和印度佛教的广泛传播，印度历的影响深入进来，他们的历法成为混有中印历法特色的历法。

泰国向东有柬埔寨，我国史书上称扶南、真腊、高棉等，这是一个历史悠久的古国，同我国的交往也很早。公元 3 世纪我国使节出使扶南国，当时扶南已有“书记府库，文字有类胡”，说明此时已使用从印度传去的文字。柬埔寨是中南半岛上最早印度化的国家，其历法也使用印度历，有闰月和闰日，月分黑白，月名同与印度历，但也有明显的中国历特点，如六十周期，以十二生肖和十相配，日分昼夜，夜分四更。

柬埔寨北面有老挝，亦称寮，上寮同中国接壤，东面是行用汉历的越南，下寮南面是用印度历之柬埔寨，故老挝历法也受到中国和印度历之影响。

总结这一地区的历法，其中国历的影响可有下列三项：

其一，是六十周期和十二生肖周期。尽管印度古代也有六十周期和十二生肖，但同中国有本质的不同。印度的六十周期是5个十二形成的，十二是木星周期（即规定木星绕太阳一周为12年），它的名称是各有专名，而中国的六十周期是以十天干和十二地支相配合而成的。在中南半岛上的诸国中，虽然有的改用十二生肖代替地支，用10个数字代表十天干，或以其他名称代替，但都是两两相配的，而且按数学上的排列规则，10和12可排列出120个组合来，但中国只取了60个，砍去了其中的一半，如没有甲丑、乙寅……在中南半岛诸国历法中也都取消了这60个排列。

其二，是一天分12或16时段，白天称时，夜里用更。时有长达现今两小时者，相当于我国的时辰，也有1小时者，相当于半时辰，更有的长达两个时辰，有的长达一个半时辰。未见 24 时段者。

其三，是年首有用中国的建子之月为一月，有用建寅或建卯之月为一月者。但岁首一般用太阳进白羊宫（春分）之日，因岁差又不断有所改变，这是同中国历无关的。

后 记

“一带一路”相关国家众多，代表性人物众多，为中外交好、民心相通做出杰出贡献的人士众多。因此，为“一带一路”璀璨群星立传，既使命光荣，又责任重大。在这项浩大工程的策划、组织、执行过程中，有许许多多的志士参加了有关传主的名单征集和审定，以及写作、翻译、审读、编辑、出版、筹资、联络等繁重而琐细的工作。所有参与的人员，以拳拳报国之心，尽深厚学养之力，克服了时间紧、任务重、要求高、压力大等诸多困难与挑战，最终圆满完成了任务。在本丛书付梓之际，丛书编委会特向参与本项目的全体同志致以崇高敬意和衷心感谢！

同时特别需要鸣谢的是，提出策划并领导实施此项目的中国传记文学学会会长王丽博士，基于长期法律实务经验和担任“一带一路服务机制”主席职务的便利，她对相关国家和走出去的“一带一路建设者”和广大青少年的需求了解真切，提出应当为他们写一套介绍各国典型人物的简明易读的传记，为他们提供健康的精神食粮。她把这项“额外”的工作当成了事业，联袂商会筹集资金，苦口婆心招揽作者，精心挑选传主名录，夙夜青灯挥笔写作，近乎偏执逐字推敲，亲力亲为呕心沥血。面对如此浩大的出版项目和繁重的出版任务，中国出版集团华文出版社不但毅然承担了出版任务，而且集团和出版社的领导与中国传记文学学会的负责同志一起协商，寻求有关部门的支持和帮助，努力将该传系打造成高质量的精品好书。在此，我们特向项目牵头人和中国出版集团公司、华文出版社的相关领导和编辑致以崇高敬意和衷心感谢！

尤其让我们感动的是，在项目执行过程中，一些富有家国情怀的民间商会和企业家的慷慨解囊，虽不足以支撑项目的全部费用，但是他们所表现出的热心和支持，让我们坚定了走下去的信心和决心。在此，我们要特别鸣谢为本书的创作出版做出捐赠支持的中国民营经济国际合作商会、亿阳集团股份有限公司、富通集团有限公司以及太平洋证券股份有限公司，并对你们的拳拳报国之心和慷慨无私帮助致以崇高敬意和衷心感谢！

一项伟大的事业，离不开许多默默无闻的奉献者。在本传系的组织、编写、出版过程中，有历史、文学、科研、外交、教育、法律、翻译、出版等领域的数百位专业人士参与，恕不能在此处一一详列。需要特别提出的是，鞠思佳、徐帮学、景峰等同志为组织联络、搜集资料到处奔波而毫无怨言，唐得阳、唐岫敏、白明亮、谭笑等同志在编写、翻译、编辑、校对过程中的细致与负责让我们感动，赵实、胡占凡、高明光、吴尚之、刘尚军、李岩、王灵桂、李永全、陈小明、许正明、宋志军等同志睿智的指点和专业的帮助让我们避免了走许多弯路。在此，我们特向以上各位同志致以崇高敬意和衷心感谢！

当然，由于我们水平所限，本丛书难免有某些不尽人意之处和瑕疵，敬请学界专家和各位读者不吝赐教，我们将在作品再版之时吸收完善。在此，我们也向各位读者提前表示崇高敬意和深深感谢！

《“一带一路”列国人物传系》编委会

2018年3月8日

成吉思汗画像
Portrait of Genghis Khan

忽必烈画像
Portrait of Kublai Khan

耶律楚材画像
Portrait of Yelu Chucai

郝经画像

Portrait of Hao Jing

列班・扫马画像

Portrait of Rabban Sauma

朱思本画像

Portrait of Zhu Siben

亦黑迷失画像
Portrait of Yihei Mishi

黄道婆画像
Portrait of Huang Daopo

汪大渊画像
Portrait of Wang Dayuan

周达观画像

Portrait of Zhou Daguan